奥运会体育仲裁中程序性权利研究

朱霖——著

Research on
Procedural Rights in
Olympic Sports
Arbitration

当代世界出版社
THE CONTEMPORARY WORLD PRESS

图书在版编目（CIP）数据

奥运会体育仲裁中程序性权利研究 / 朱霖著.
北京：当代世界出版社, 2025. 6. -- ISBN 978-7-5090-1910-8

Ⅰ. D912.160.4

中国国家版本馆CIP数据核字第2025SC9289号

书　　名：	奥运会体育仲裁中程序性权利研究
作　　者：	朱霖 著
出 品 人：	李双伍
策划编辑：	刘娟娟
责任编辑：	刘娟娟　魏银萍　徐嘉璐
出版发行：	当代世界出版社
地　　址：	北京市东城区地安门东大街70-9号
邮　　编：	100009
邮　　箱：	ddsjchubanshe@163.com
编务电话：	（010）83907528
	（010）83908410 转 804
发行电话：	（010）83908410 转 812
传　　真：	（010）83908410 转 806
经　　销：	新华书店
印　　刷：	北京新华印刷有限公司
开　　本：	710毫米×1000毫米　1/16
印　　张：	13.5
字　　数：	182千字
版　　次：	2025年6月第1版
印　　次：	2025年6月第1次
书　　号：	ISBN 978-7-5090-1910-8
定　　价：	69.00元

法律顾问：北京市东卫律师事务所　钱汪龙律师团队　（010）65542827
版权所有，翻印必究；未经许可，不得转载。

代　序

程序性权利是指个人在法律程序中所享有的权利，如知情权、辩护权、公平审判权等权利。程序性权利的产生源于程序的设置，并且程序的设置要求具有正当性、合理性和必要性。法理认为，正当性的法律程序通常包括程序分化、对立面设置、程序中立、自由平等且实质地参与、理性对话和交涉、信息充分，以及对等、公开、及时和终结性等内容。法律程序的合理性则要求程序的设置符合一定的规则、原理或者逻辑，具有充分依据或者正当性。程序设置的必要性意味着程序设置的过程要素的最优化，这是对司法资源的节约。显然，正当性程序的充分、必要设置有助于实体性权利的快速实现。反之，要实现权利主体的实体性权利，该权利主体的程序性权利也必须首先得到可靠保障。一般而言，现实中的程序设置并非尽善尽美，而某些程序的缺失很可能直接导致不公平审判结果的出现。因此，要实现人们的实体性权利，首先要维护权利主体的程序性权利，这意味着程序的设置要力求科学、合理、必要。本书重在诠释奥运会体育仲裁中的程序性权利。为了保证奥运赛事有条不紊地进行，加强赛事的科学管理，提升奥运会仲裁机构公平、公正、高效执裁的能力，保障运动员的程序性权利极为重要。

本书是研究奥运会体育仲裁中程序性权利的专著，为奥运会体育仲裁中程序性权利的保障提供了较为系统的理论支持和实践操作路径，其独到之处体现在以下方面：第一，提出程序性权利保障内外结合原则。该原则是指运动员程序性权利的保障应采用奥运会体育仲裁机构救济和体育行业组织救济两种机制相结合的原则。奥运会体育仲裁机构救济机制为内部救济机制，宜采用二次仲裁机制，通过该机制，不仅要保障仲裁程序公正，更要遏制对程序性权利的侵犯。体育行业组织救济机制为外部救济机制，宜采用一次性救济模式。该机制一是保留了体育管理机构的纠纷管理权限，能够激励和促进体育管理机构更加公平和高效地处理其行业内部纠纷；二是缩短了运动员的仲裁申请维权时间，有利于奥运会特设仲裁机构的快速介入；三是降低了运动员自身资源的过度消耗，最终有利于竞赛秩序的和谐与稳定。因此，内外结合原则是一个一举多赢的创举。第二，强化监督机制对运动员程序性权利的保护作用。为保障运动员的程序性权利，对于一次性救济模式，本书提出了系统全面监督仲裁程序的思路。司法机关的监督是最高形式的监督，司法机关的介入有利于直接纠正仲裁过程中出现的程序错误和违规行为，从而有效维护运动员的程序性权利；管理组织的监督是指仲裁系统内部的监督，内部监督机制的完善可以直接保障运动员的程序性权利。另外，社会群体监督也是不可或缺的监督机制，它可以起到相应的辅助作用。多部门监督主体齐抓共管，共同促进仲裁程序公正，有利于确保运动员的各项程序性权利得到维护。第三，优化和拓展救济机制对运动员程序性权利的保障作用。优化和拓展救济机制应坚持仲裁机构的内部上诉机制和司法机构的外部上诉机制相结合的原则。内部上诉机制即建立二次仲裁机制。在操作过程中，一次裁决应坚持公平保速度原则，二次裁决应坚持公平保质量原则，通过二次仲裁机制纠正仲裁程序不公，实现维护运动员程序性权利的目的。外部上诉机制虽然不能完全遏制或消除奥运会体育仲裁中对运动员程序性权利的侵犯行为，但可以通过撤销裁决或者不予执行来保护运动员的相关权益，从而在一定程度上促进仲裁程序公正。

  本书作者是我的体育法学专业博士研究生。本书是在其博士毕业论文基础上反复打磨形成的。在读博期间，作者一直从事体育法学领域的知识学习和理论研究。由于作者硕士研究生毕业于上海体育学院，有着良好的体育学理论基础，故而其在博士阶段的研究中能够更好地推动体育与法学的有机结合。奥运会是世界范围内顶级的体育盛会之一，参赛运动员可谓"高手云集"，比赛过程堪称"火力全开"。所以，奥运竞赛过程中发生体育纠纷难以避免。那么，维护运动员的相关权利、保障奥运会的有序运行就显得极为重要。一般而言，程序性权利的有效维护是实体性权利得以实现的必要前提。因此，在奥运会体育仲裁中，程序性权利应当首先得到可靠的保障。通观全书，作者以程序性权利为主题，剖析奥运会体育仲裁中有关程序性权利的制度规定及其存在的问题，推动奥运会体育仲裁机制的优化，这既是体育与法学的有机契合，也是体育与人权的联袂呈现，与此同时，还反映了作者敏锐的学术思辨能力和扎实的学术理论根基。

捍卫人权是人类永恒的主题。保障程序性权利是保障人权的底层逻辑。因此，在奥运会体育仲裁机制中，保障运动员的程序性权利，既是保障奥运会竞赛秩序，也是保障运动员人权。可以说，本书的出版既为奥运会体育仲裁机制的优化提供了思路，也为运动员维权指明了方法和路径。当然，本书也不可避免地存在疏漏和不足之处。但不可否认的是，本书关于奥运会体育仲裁机制中程序性权利的研究对运动员和有关人员的人权保障以及奥运会的有序开展具有现实意义。

教育部长江学者特聘教授
华中科技大学法学院院长
国家人权教育与培训基地华中科技大学人权法律研究院院长
汪习根
2024年11月7日

自　序

　　本书全面系统地研究了奥运会体育仲裁中运动员程序性权利保障存在的制度缺陷及其优化路径。奥运会体育仲裁对及时解决体育纠纷、稳定竞赛秩序、维护体育正义有着重要作用。但是，在仲裁过程中，运动员程序性权利时常遭受忽视，程序性权利的法律制度确权存在不足，对运动员程序性权利的侵犯难以得到有效遏制。为此，本书采用文献资料法、实证研究法、比较分析法、价值分析法，梳理程序性权利的保障机制中存在的问题与不足，提出完善奥运会体育仲裁机制、优化程序性权利救济的原则和路径，以促进运动员的程序性权利得到更好保障。

　　程序性权利是运动员的重要权利。没有程序性权利，其他实体性权利的实现就会具有一定的不确定性。一方面，本书通过对实体至上论和程序至上论的对比分析，揭示程序性权利的价值地位；另一方面，本书着重分析程序性权利的内涵，并界定程序性权利的外延。最后，本书提出，在价值上，程序性权利具有独立性和工具性价值；在功能上，程序性权利体现出制约、服务和保障的功用。

　　奥运会体育仲裁制度是运动员程序性权利的保障制度，该制度既有优点也不乏缺陷：优点表现为体育仲裁管理的强制性、体育纠纷解决的及时性及体育仲裁程序的相对公开性；缺点在于仲裁规则的缺失性和模糊性。在国际体育仲裁院奥运会特设仲裁分院仲裁程序中，程序性权利保障不足的原因主要有以下几点：一是理念冲突。即程序正义和时间正义冲突、程序正义和内部救济机制冲突、程序正义和竞赛规则冲突。二是权力垄断。绝对的权力导致绝对的腐败。垄断是权力滥用的源泉，强制性是垄断权力的外在形式，奥运会体育仲裁制度对运动员程序性权利的减损是国际体育仲裁院在奥运会体育仲裁方面权力垄断的结果。三是监督乏力。强有力的监督机制可以避免权力的滥用，从而确保运动员的程序性权利得到维护和实现。然而，奥运会体育仲裁程序中缺乏强有力的监督机制。

为克服不足与缺陷，本书从理念优化、原则设定、规范确认、监督保障和救济路径五个方面对如何完善程序性权利保障机制进行研究。一是理念优化。理念优化是完善奥运会体育仲裁中程序性权利保障机制的基本前提。完善奥运会体育仲裁中程序性权利保障机制必须坚持正确的理念和科学的原则。本书认为，在理念上，应在人权、公平、效率和秩序四个基本价值形态上审视现有体育仲裁制度，确保运动员程序性权利保障机制的设计同法治基本价值及竞技体育的价值取向相一致。二是原则设定。在对奥运会体育仲裁中程序性权利保障机制进行价值理念优化的基础上，本书提出，在改革现有制度机制时，应当坚持以人为本、主从协调、内外结合和程序公正四个基本原则。三是规范确认。程序性权利的规范确认是运动员维权的基础。进行程序性权利的规范确认应厘清程序性权利的法律关系、程序性权利确认的主体，以及程序性权利确认的范式。四是监督保障。完善监督机制有利于保障程序性权利，本书主要分析了社会监督、媒体监督、仲裁机构监督、司法监督等内容。五是救济路径。救济机制是维护程序性权利的最后手段。程序性权利的救济机制包括仲裁机构的内部上诉救济机制和司法机构的外部上诉救济机制。内部上诉救济机制重在直接维护程序性权利，使受损的程序性权利得到及时恢复；外部上诉救济机制旨在促进仲裁程序公正，为保障运动员程序性权利起到辅助作用。

本书梳理奥运会体育仲裁中程序性权利研究的脉络和要义，探明运动员维护程序性权利的方法和路径，同时希望为相关执裁机构、监督机构、司法机构更好保障运动员程序性权利提供一定参考借鉴。

目　录

导　言 / 1

第一章　奥运会体育仲裁中程序性权利研究范围界定 / 23
第一节　程序性权利的内涵、价值及功能 / 23
第二节　奥运会体育仲裁中程序性权利研究范围 / 42
本章小结 / 46

第二章　奥运会体育仲裁中程序性权利之制度渊源、属性及限制 / 48
第一节　奥运会体育仲裁中程序性权利之制度渊源 / 48
第二节　奥运会体育仲裁中程序性权利之制度属性 / 54
第三节　奥运会体育仲裁中程序性权利保障之制度限制 / 65
本章小结 / 71

第三章　奥运会体育仲裁中程序性权利保障之症结及现状 / 72
第一节　奥运会体育仲裁中程序性权利保障之症结 / 72
第二节　奥运会体育仲裁中程序性权利保障之现状 / 86
第三节　奥运会体育仲裁中程序性权利保障之制度比较 / 102
本章小结 / 107

第四章　奥运会体育仲裁中程序性权利保障机制优化的理念和原则 / 109
第一节　奥运会体育仲裁中程序性权利保障机制优化的理念 / 109

第二节　奥运会体育仲裁中程序性权利保障机制优化的原则 / 121
本章小结 / 131

第五章　奥运会体育仲裁中程序性权利保障路径 / 133
第一节　奥运会体育仲裁中程序性权利的规范确认 / 133
第二节　奥运会体育仲裁中程序性权利的监督保障 / 143
第三节　奥运会体育仲裁中程序性权利的救济路径 / 151
本章小结 / 159

第六章　中国体育仲裁制度及其程序性权利保障 / 161
第一节　中国体育仲裁制度的发展历程 / 161
第二节　中国体育仲裁制度中程序性权利研究范围及其现状 / 165
第三节　中国体育仲裁制度中程序性权利的保障路径 / 171
本章小结 / 178

结　论 / 179

参考文献 / 183

后　记 / 199

导 言

一、选题缘由和意义

当前，奥运会已不仅是一项体育赛事，它已经和政治、经济、文化、教育等紧密联系在一起。多元文化的纵横交织加之奥运会的市场化、商业化运作，使得奥运会赛场上难以避免地发生一些体育争议，这表明运动员权益存在遭受不同程度损害的可能。因此，为解决奥运会期间的各种体育争议，国际奥委会赋予国际体育仲裁院定纷止争的任务，其后，国际体育仲裁院的管理组织国际体育仲裁理事会根据要求先后设置了国际体育仲裁院奥运会特设仲裁分院和国际体育仲裁院反兴奋剂仲裁分院，由这两个机构负责具体解决奥运会中的各类纠纷。其中，国际体育仲裁院反兴奋剂仲裁分院专门负责与反兴奋剂相关的体育纠纷，国际体育仲裁院奥运会特设仲裁分院则重点解决奥运会期间其他类型的体育争议事件。尽管国际体育仲裁院奥运会特设仲裁分院和国际体育仲裁院反兴奋剂仲裁分院的设置为保障运动员权利提供了救济路径，但是已产生的对运动员权利的侵犯行为并没有因为这两个机构的设置而得到完全矫正或者使运动员权利得到实质、有效地恢复。一般而言，在仲裁过程中，只有仲裁程序科学、合理、公正，才能真正实现捍卫运动员实体性权利的目的。这就意味着保障程序性权利是维护实体性权利的前提和基础。然而，由于奥运会竞赛项目的特殊性及国际体育仲裁院组织管理能力的局限性，国际体育仲裁院奥运会特设仲裁分院和国际体育仲裁院反兴奋剂仲裁分院在仲裁程序设置上存在一定程度的不足，体育仲裁中的运动员程序性权利难以得到切实保障。因此，有必要加强对奥运会仲裁中的程序性权利研究，积极推动国际体育仲裁院奥运会特设仲裁分院和国际体育仲裁院反兴奋剂仲裁分院仲裁程序的完善，努力确保运动员的程序性权利得到保障，这样才能真正做到维护运动员的实体性权利，最终实现竞赛秩序的稳定。本书的选题缘由如下：

首先，运动员实体性权利需要维护。一是体育争议具有不可避免性。运动员在奥运会竞赛中的各种实体性权利得到切实保障，既符合奥运会精神，也体现公平、正义。在以更高、更快、更强为特色的奥运会中，发生体育争议是难以避免的事情。并且，近几届夏季奥运会呈现出体育争议增多的迹象：在2012年伦敦奥运会期间，国际体育仲裁院奥运会特设仲裁分院仲裁庭共处理纠纷11起。同时，赛场上的判罚争议也成了各方注意力集中的区域。[①] 在2016年里约奥运会上，国际体育仲裁院奥运会特设仲裁分院仲裁庭在2016年7月26日至8月21日的有效履职期内，共对28起争议事件进行了裁决；国际体育仲裁院反兴奋剂仲裁分院体育仲裁庭处理案件8起。[②] 体育争议的存在意味着运动员权利面临着遭受不同程度损害的可能，也体现了在激烈的奥运会竞赛中保护运动员实体性权利的必要性。与此同时，国际体育仲裁院奥运会特设仲裁分院和国际体育仲裁院反兴奋剂仲裁分院仲裁庭公平、公正地解决体育争议变得极为重要，因为这不仅关乎运动员的切身利益，还会影响到奥运会的竞赛秩序。二是运动员的实体性权利保障要求及时和公正。奥运会竞赛的即时性特点要求体育纠纷的解决必须遵循时间正义理念，即案件必须在既定的时间内解决，避免出现

---

① 张琪：《伦敦奥运会体育仲裁案例对维护奥运利益的启示》，载《搏击·体育论坛》，2014年第7期，第30页。
② 宋超峰：《里约奥运会体育仲裁案件研究》，湘潭大学硕士论文，2017年。

正义迟到、贻误赛事权益的情况。只有公平、公正、合理且及时地解决体育纠纷，才能真正保障运动员的实体性权利。三是运动员实体性权利的保障制度存在缺失。在竞技比赛中，技术性判罚的争议通常只在赛场内解决，难以进入其他救济渠道，即所谓的竞赛规则除外原则。换言之，竞赛规则除外原则直接剥夺了运动员对体育争议的仲裁申请权。因此，尽管国际体育仲裁院奥运会特设仲裁分院仲裁规则规定由其管理奥运会期间发生的任何体育纠纷，然而，其管辖范围依然不包括由临场裁判员所做技术性裁决引发的争议。当然，裁判员有欺骗、受贿、恶意等非法裁决行为的情况除外。[①] 例如，帕特恩诉盖瑞特一案就是竞赛规则除外原则的典型案例，在该案例摘引中，郭树理明确指出："如果裁判员对技术性赛场规则做出了错误的解释或进行了错误的适用，那就是参赛者的不幸了，对此毫无办法。"由此可见，国际体育仲裁院对临场裁判裁决的拒绝审查是明确和坚决的，这封闭了运动员对技术判决申请维权的渠道。有权利就要有救济，国际体育仲裁院不应拒绝审查对赛场裁决存在争议的仲裁申请。国际体育仲裁院因认为临场裁判员具有更强的专业能力而否定管辖，这是一种责任推脱，是对运动员仲裁申请权的剥夺。

在竞争激烈的奥运会中，体育纠纷的难以避免性、运动员实体性权利救济要求的及时性，以及运动员实体性权利保障制度的缺失性均说明了运动员的实体性权利亟须保护。然而，要达到维护运动员实体性权利的目的就需要适当的程序。因此，在某种程度上，实体性权利的实现离不开程序性权利的有力保障。

其次，程序性权利的屏障作用。程序性权利的主要作用如下：一是服务于实体性权利。"程序性权利是指行为主体为行使、主张或保障其实体性权利而采取一定作为的能力。"[②] 程序性权利以程序正义理念

---

① Gabrielle Kaufmann, *Arbitration at the Olympics: Issues of Fast-Track Dispute Resolution and Sports Law*, The Hague: Kluwer Law International, 2001.

② Ronald M. Dworkin, *A Matter of Principle*, Oxford: Harvard University Press, 1985, Chapter 3.

为指引，遵循正当程序内容的要求，体现为特定主体根据相关法律规定或者授权作出的与程序行为。程序性权利具有工具性，实体性权利是其主要服务对象。它通过路径、方式、手段、步骤等过程形式来保证实体结果的实现。换言之，程序性权利可以预防侵权行为或者纠正侵权行为造成的事实结果，从而维护个体的实体性权利。因此，保护运动员的实体性权利，离不开对其程序性权利的保障。二是程序性权利制约实体性权利。由于实体性权利的实现需要一定的程序性权利作保障，因此，实体性权利的实现在一定程度上受到程序性权利的左右。国际体育仲裁院奥运会特设仲裁分院和国际体育仲裁院反兴奋剂仲裁分院就存在着因仲裁制度缺失或不完善导致的运动员维权不能。三是程序性权利是实现实体性权利的前提和基础。原因如下：其一，实体性权利需要通过法律程序产生。其二，程序及蕴含在其中的程序性权利可以实现实体性权利、创制实体性权利，甚至创制实体法。其三，法律历史视角分析业已表明，在采用英美法系、以判例作为法律渊源的国家，通过程序性权利的行使和程序法的运作创制实体性权利的现象尤为突出。正如谭小勇所认为的，国际体育仲裁院既在体育法的产生过程中充当着"造法者"的角色，也在实践过程中修复和完善着一些程序性问题，以使这些法律程序更适用于社会实践需要。因此，在国际体育仲裁院造法过程中也就产生了相应的实体性权利。

最后，程序性权利的制度保障需要完善。尽管国际体育仲裁理事会设置了国际体育仲裁院奥运会特设仲裁分院和国际体育仲裁院反兴奋剂仲裁分院两大解纷机构，但由于它们更为重视竞技比赛中运动员实体性权利保障的及时性，因此对体育仲裁中运动员程序性权利的保障并不充分，这一点在国际体育仲裁院奥运会特设仲裁分院仲裁程序上表现得尤为明显。根据国际体育仲裁院奥运会特设仲裁分院仲裁规则，国际体育仲裁院奥运会特设仲裁分院是专门负责处理奥运会期间及开幕前十天的所有体育纠纷的仲裁机构，肩负着维护奥运会运动员权利的重任。然而，伴随着体育纠纷的出现，国际体育仲裁院奥运会特设仲裁分院却并不能完全遵守程序正义。为快速解决体育纠纷，保证仲裁的时间正义，同时避免实体正义迟到现象发生，国际体育仲裁院奥运会特设仲裁分院仲裁庭通常会大力推进仲裁速度，这必然会减损运动员的相关程序性权利。运动员的程序性权利制度保障不足主要表现在两个方面：一是体育仲裁制度内容不完善。运动员的程序性权利需要制度保障，相关制度的缺失导致该权利的行使于法无据，最终可能导致运动员维权不能。如在国际体育仲裁院奥运会特设仲裁分院仲裁庭的组织程序上，仲裁员的选择、首席仲裁员的指定、独任仲裁员的选定均由国际体育仲裁院奥运会特设仲裁分院院长决定。这虽然保证了仲裁庭的组织程序效率，提高了仲裁速度，但却忽略了对运动员知情权的制度保障。国际体育仲裁院奥运会特设仲裁分院仲裁庭的组织程序及相关理由是运动员应当知晓的信息，它事关仲裁程序的公正，也涉及运动员的相关权利，但是其组织程序及组织理由却尚没有任何详尽的制度规定和解释说明。这既表明国际体育仲裁院奥运会特设仲裁分院仲裁规则在其仲裁庭组织程序上存在制度缺失，也表示运动员在该方面的知情权难以得到制度保障。二是体育仲裁制度内容模糊不清。保障运动员权利的制度规定需要内容明确，模棱两可的制度表述不利于运动员维权。如国际体育仲裁院奥运会特设仲裁分院仲裁规则第19条规定："仲裁裁决原则上要简要陈述理由。""原则上"的要求即说明"陈述理由"有例外情形。如果裁决的"陈述理由"成了可以自由裁量的法律规定，那么运动员的知情权也就处于不确定之中。另外，对庭审后的仲裁裁决给予充分的说明极为重要，它既有助于消除当事人心中的疑问，也便于从长远角度解决纠纷、维护稳定。国际体育仲裁院反兴奋剂仲裁分院仲裁规则于2016年里约奥运会上首次启用，其设立时间相对晚于国际体育仲裁院奥运会特设仲裁分院仲裁规则，所以无论是在保障程序性权利的制度完善性上还是确定性上，均有所加强，例如，当事人可以选择仲裁员、首席仲裁员，可以要求对裁决理由作出说明等，尤其是听证会制度的设置，较为有力地保障了运动员的知情权、辩护权、质证权等相关程序性权利。但是，该制度依然存在一定缺陷，即对程序性权利缺乏法律意义上的明文规定，同时，一旦出现对运动员程序性权利的侵犯行为，也没有规定适当的救济路径。根据国际体育仲裁院反兴奋剂仲裁分院仲裁规则第A15、A16条规定可知，仲裁有三人仲裁庭和独任仲裁庭两种形式。其中，三人仲裁庭采取一次仲裁终局制度，独任仲裁庭则采取二次仲裁终局制度。但无论是一次仲裁终局制度，还是二次仲裁终局制度，均没有设置救济程序性权利的机制措施，一次仲裁终局制度案结事了，无从对程序性权利进行救济；二次仲裁终局制度中则不包括有关程序性权利救济的规定和要求。

综上可知，体育纠纷的难以避免性致使运动员实体性权利处于不确定的状态中，而对运动员实体性权利的维护离不开对程序性权利的保障和实现。当前，国际体育仲裁院奥运会特设仲裁分院仲裁规则和国际体育仲裁院反兴奋剂仲裁分院仲裁规则的制度缺陷致使对运动员程序性权利的保障存在明显不足，其最终结果是使运动员实体性权利受到不同程度的减损。因此，本书致力于探讨奥运会体育仲裁制度存在的缺陷，厘清运动员程序性权利受损的深层原因，并提出相应的优化措施和救济方案，以推动运动员的程序性权利得到更好保障。研究奥运会体育仲裁中程序性权利的实践意义在于：第一，明晰奥运会体育仲裁中的各项程序性权利，既有利于运动员维护自身的程序性权利，又可促进仲裁程序的公正。第二，优化奥运会体育仲裁制度，保障体育仲裁中的各项程序性权利，可以为运动员实体性权利的实现筑牢法律制度基础。第三，运动员程序性权利的保障落实、实体性权利的实现有利于推动奥运会的健康发展，维护奥运会竞赛秩序的和谐安定。此外，本书以解决奥运会体育纠纷为缘起，以稳定奥运会竞赛秩序为背景，以运动员程序性权利保护为切入点，从法理视角探讨如何对运动员程序性权利加以保障和救济，蕴含着一定的理论要义，希望本书有助于体育法学学科体系的完善，并在一定程度上填补体育发展权研究领域的空白。

二、国内外研究综述

(一) 国内研究概况

我国学者在奥运会体育仲裁机制方面的研究颇多，既包括实践探究，也涉及基础理论探索。其意义在于：一是推动了国际体育仲裁制度的理论发展和实践应用；二是建构、优化和完善了我国体育仲裁制度。但在有关奥运会体育仲裁机制的研究中，却较少发现直接关于运动员程序性权利的研究。截至 2020 年，共有 21 篇关于奥运会仲裁正当程序或者与程序相关的文章和为数不多的图书，可为运动员程序性权利的保障研究提供一些参考。其具体研究情况如下：

第一，学术研究均强调保障运动员程序性权利的重要性。在实体性权利的实现过程中，程序性权利的保障具有前提性和基础性。因此，要维护运动员的实体性权利，就必须保障其程序性权利。例如，姜熙在《CAS 奥运体育仲裁的程序正义》一文中认为："CAS 奥运会体育仲裁程序正义保障的基本要求主要包含了仲裁的中立性、仲裁的及时性、听取当事人双方的辩论和证据、形式正义、提供裁决理由等几方面的原则。"这明确表达了程序正义的实现是建立在正当的仲裁程序之上的，正当程序的要求也就意味着对程序性权利的保障，因为程序性权利受限于正当程序的内容设置。若仲裁程序缺乏正当性，运动员的程序性权利显然也就难以得到保障。在这里，正当程序内容既涉及仲裁程序自身具有的或称客观的公正品性，如仲裁的中立性、及时性，也包括具有主观属性的程序性权利内容，例如提供裁决理由则是满足当事人知情权的价值表现。宋彬龄在对奥运会体育仲裁案件作梳理研究后同样强调了仲裁程序的重要性，她指出，当事人通常会因为自身在实体上拥有足够的事实证据而忽视程序的重要作用，其最终结果是导致维权失利。所以，"重实体、轻程序"的思想是错误的。这段话重点涉及的是运动员的仲裁程序参与意识，也正是运动员程序参与的权利意识缺失，导致了其维权不能。再如，2014年索契冬奥会的玛丽奥案和滑雪服案也体现了"重实体、轻程序"的现象。诸多学者对仲裁程序公正性提出强调和要求，表明了奥运会体育仲裁中对程序性权利的制度保障的确存在不足之处。此外，宋超锋在《里约奥运会体育仲裁案件研究》一文中指出，案件移送管辖权缺失导致运动员不知如何进行案件定性，从而难以确定如何进行申请维权。上述论述均说明了程序性权利在运动员维权中的重要地位，同时也道出了维护运动员程序性权利的任重道远。

第二，奥运会体育仲裁机制的司法化影响了程序性权利的确定性。仲裁机制的司法化是相对于传统仲裁程序的任意性而言的，其主要包括对体育纠纷的强制管辖权、法律适用的自我决定权、庭审仲裁员的指定权，以及仲裁程序的决定权等内容。奥运会仲裁机制的司法化很好地保证了仲裁程序的执行力，提高了仲裁的工作效率。正如郭树理、李倩等学者指出的，奥运会仲裁机制既保留了诉讼外仲裁机制的灵活性优势，又吸收了司法机制的形式化和能动性特点，把仲裁和司法有机结合起来，成为当前解决奥运会体育争端较为理想的解纷机制。程序的强制施行尽管有利于裁决的顺利进行，甚至可以增强裁决结果的可预期性，但也会不同程度地折损运动员的程序性权利。由于奥运会体育仲裁机制突破了传统仲裁的一些根本属性，因此难免会引发一些疑问：奥运会体育仲裁的强制管辖权是否会侵犯当事人的基本诉权？国际体育仲裁院的司法能动性可否与国家公权力相协调？奥运会体育仲裁制度的监督方式有哪些？如何解决奥运会体育仲裁制度与各国国内普通仲裁制度在很多方面存在较大差异的问题？等等。但毫无疑问的是，在国际体育仲裁院奥运会特设仲裁分院和国际体育仲裁院反兴奋剂仲裁分院仲裁庭的自治管辖下，如果没有法治监督机制，那么很难想象运动员程序性权利能够得到充分、合理、有效的保障。

第三，奥运会仲裁程序的监督机制亟待完善和强化。程序公正是运动员程序性权利实现的有力保障，但程序公正不会自动实现。要维护运动员的程序性权利，除了需要完善奥运会体育仲裁制度外，还必须强化仲裁程序监督机制。首先，有学者强调要加强司法机关的监督。李贤华在《体育仲裁与司法监督共襄奥运盛举》一文中指出，司法机关介入体育争端已在世界大多数体育发达国家得到认同，他认为，必要时国家司法机关应介入体育争端，但必须符合一定的条件。当前，通常的做法是遵循仲裁协议效力优先原则、内部救济机制用尽原则及竞赛规则除外原则。李智也认为，为保证体育赛事公平，司法机关适时介入以规制体育组织的管理垄断是十分必要的。于善旭也强调了法治监督的重要意义，并指出，伴随社会文明的进步以及人类理性的不断发展，法治的全球化进展已然成为现实，奥运会的发展同样也难以脱离法治管理。高媛、董小龙在《奥运仲裁的司法监督问题》一文中指出，司法监督内容应包括当事人能力问题、正当程序问题、可仲裁性问题、公共秩序问题等。其次，有学者强调奥运会相关仲裁机构内部监督的重要性。如贺嘉在对奥运会特别仲裁机构监督机制的研究中认为，该监督机制是一级审级模式下的机构内部行政监督，其设置目的是弥补现有外部监督机制之不足以及保障奥运会特别仲裁之公正性。但基于奥运会特别仲裁的效率加权考虑，该监督机制仅为简单形式审核，未能真正发挥内部监督作用。因此，在权衡效率价值和公正价值后，奥运会特别仲裁机构的监督机制存在一定不足，需加以完善。

总之，我国学者已经充分认识到仲裁程序的重要性，并希望通过完善监督机制来保障仲裁程序的公平，从而维护运动员的程序性权利。但是这依然不够，保障运动员的程序性权利还需要完善奥运会体育仲裁制度，对程序性权利进行相应的确权，以及保证司法救济的调整作用，这样才能系统、全面、有效地维护运动员的相关程序性权利。

(二) 国外研究概况

经查阅武汉大学图书馆外文文献资料数据库，发现并无直接关于奥运会体育仲裁中程序性权利研究的相关内容。但关于国际体育仲裁院的研究资料颇为丰富，并或多或少地关涉奥运会体育仲裁程序，因此对本书所作研究有所帮助。自1981年至2020年，有关国际体育仲裁院的学术论文共计233篇，其中，国外学者发表的学术论文有211篇。另外，相关的图书、年鉴等文献资料共计5本。[①] 其研究内容主要涉及三个方面：一是仲裁机制探讨；二是维权案件实证分析；三是法律理论研究。

第一，仲裁机制探讨。奥运会要健康、和谐、稳定、有序开展，需要国际体育仲裁院的保驾护航，反之，国际体育仲裁院仲裁机制的构建、发展与完善有助于奥运会精神的继续弘扬和不断拓展。现今，有关国际体育仲裁院仲裁机制的研究内容涉及仲裁机构的设立、仲裁制度的完善，以及法律适用规则等方面。

宋昌柱（Sohn Chang-Joo）研究认为，设立国际体育仲裁院的目的是着重解决仲裁程序的复杂性、保密性、相关费用，以及在国际体育领域迅速解决体育争端的必要性等问题。国际体育仲裁院最初是作为国际奥委会的一个机构成立的，但后来作为一个独立的组织正式运作，以促进体育争端独立、公正地解决。国际体育仲裁理事会于1984年成立，代替国际奥委会负责国际体育仲裁院的管理和经费筹措。国际体育仲裁院由普通仲裁机构、上诉仲裁机构、奥运会特设仲裁分院、反兴奋剂仲裁分院四个机构组成，还在悉尼和纽约设立了两个永久性分权办公室。国际体育仲裁院总部设在瑞士洛桑。国际体育仲裁院奥运会特设仲裁分院对国际奥委会、国家奥委会、国际单项体育联合会或奥林匹克运动会组织委员会所作决定的上诉案件都具有管辖权。

科瑞娜·黑默勒（Corina Louise Haemmerle）研究指出，现在的国际体育运动纠纷正引起法律界的注意。国际体育仲裁院仲裁庭是一个

---

① 参见武汉大学图书馆网站，http://iras.lib.whu.edu.cn:8080/rwt/703/https/M3WG87LTF3SGZ8LWNZYGG55N/searchFJour? Field = all&channel = searchFJour&sw = olympic + games + cas&edtype = &view=0。

国际仲裁法庭，负责解决与体育有关的国际纠纷，如就业合同、运动员资格、停赛、调动、赞助和电视权利、违纪行为和运动员兴奋剂违规行为等问题。鉴于国际体育仲裁院的国际性，其有必要先确定合同或争议的准据法，再将该法适用于体育纠纷中。体育仲裁法为此规定了两项"法律选择"规则，试图全面概述国际体育仲裁院在普通仲裁和上诉仲裁中确定适用法律的方法。黑默勒还试图以批判性、比较性的视角，分析国际体育仲裁院针对欧盟2008年《关于合同义务适用法律的第593/2008号条例》中所载法律选择规则的处理方式，并在剖析该方法实际运用情况的基础上，就改进国际体育仲裁院仲裁方法提出建议。①

格伦克·托拜厄斯（Glienke Tobias）在《国际体育仲裁院裁决的终局性》（The Finality of CAS Awards）一文中强调了国际体育仲裁院仲裁机制的终局性，该学者研究指出，《奥林匹克宪章》规定将体育争端提交给国际体育仲裁院审理，目前几乎所有国际单项体育联合会、国家奥委会和其他体育机构都是如此。国际体育仲裁院几乎被公认为审理所有体育事务的"最高法院"。但无论其第一次裁决的速度有多快，只要当事方对仲裁裁决提出上诉，仲裁程序就将被推迟，并可能由运动员所在国家法官作出裁决，而这些法官不一定是体育法方面的专家。因此，《与体育有关仲裁法典》第59条规定了"最终和有约束力的"裁决。但问题是：什么是最终裁决？该书探讨了终审法院的裁决究竟是怎样的，以及它们受到哪些上诉程序的制约。该书还列出了在瑞士联邦法院上的不同上诉理由，并提供了一个有关国际体育仲裁院裁决挑战的判例法的概述。

安托万·杜瓦尔（Antoine Duval）认为，在奥运会中，选拔程序对于运动员参赛极其重要，但程序选拔很可能存在不公。该学者在《通

---

① Corina Louise Haemmerle,"Choice of Law in the Court of Arbitration for Sport: Overview, Critical Analysis and Potential Improvements", *The International Sports Law Journal*, Vol. 13, No. 11, 2013, pp. 299-328.

往奥运之路：国际体育仲裁院的奥运选拔争议》［Getting to the Games：The Olympic Selection Drama(s) at the Court of Arbitration for Sport］一文中着重讨论了国际体育仲裁院在解决选拔纠纷中的作用。作者明确其研究目的是为未来的争端提供切实可行的指导，并展示解决争端的有效途径是国际体育仲裁院。该文首先介绍了奥运会选拔制度和有关体育管理机构的各项职责；其次说明了在何种情况下国际体育仲裁院容易处理此类体育纠纷；最后概述了国际体育仲裁院在选拔纠纷中的判例。

此外，设立新机构也是国际体育仲裁院发展的一个重要方面。2010年11月25日，国际体育法协会在韩国首尔举办的第十六届大会提议成立亚洲体育仲裁委员会，其目的是建立国际体育仲裁理事会权力下的办公室和国际体育仲裁院权力下的法院。尽管它的主要法官在瑞士洛桑，但其成员主要由亚洲体育律师和法学专家组成，自主解决亚洲地区的体育争议。①

综上可知，关于国际体育仲裁院仲裁机制的研究为仲裁机制的优化和发展提供了方向，有助于国际体育仲裁院仲裁机制的改进、完善和发展，有利于维护当事人尤其是运动员的竞赛权益。

第二，维权案件实证分析。对国际体育仲裁院受理案件中的维权过程进行实证分析，既能体现当事人对权利救济的渴盼，也能展现出国际体育仲裁院仲裁机制的价值功用，同时也能反映出社会大众对仲裁案件的结果期许。维权案例实证分析的内容广泛，涉及政治伦理、价值判断、程序正义、实质正义、法律适用等多个方面。

杜瓦尔在《国际体育仲裁法庭审理的俄罗斯兴奋剂丑闻：对世界反兴奋剂体系的教训》（The Russian Doping Scandal at the Court of Arbitration for Sport：Lessons for the World Anti-Doping System）一文中经分析论证得出以下结论：首先，运动员参加国际体育比赛的资格与其

---

① Anonymous,"Constitution of the Asian Council of Arbitration for Sports and Sports Arbitration Tribunal of Asia", The International Association of Sports Law, 2011.

所属国家体育管理机构的合规状态密切相关。换句话说,当国家体育管理机构未能履行《世界反兴奋剂条例》规定的职责时,其所属运动员需承担相应责任。这并不排除引入法律机制——正如国际田联引入的那样,法律机制将使运动员能够在特定情况下履行这一责任。其次,如果国际单项体育联合会不履行其在《世界反兴奋剂条例》中的职责,那么世界反兴奋剂机构或相关国际体育组织可以对其附属机构实施严厉的制裁。国际体育仲裁院认识到,为了正常运行,《世界反兴奋剂条例》需要在国家一级得到支持,并且必须满足威慑性制裁条件,即必须扩大到违规机构所属的运动员。同样,运动员虽不是国家体育管理机构,但承担着与政府治理相关的政治(最终也是法律)责任。

梅利亚多·佩雷·路易斯(Mellado Pere Lluis)、格林格尔·米歇尔(Gerlinger Michael)在《"奥运案例":国际体育仲裁院2008/A/1622-1623-1624号案件,沙尔克04足球俱乐部、云达不莱梅足球俱乐部、巴塞罗那足球俱乐部诉国际足联》(*The "Olympic Cases": CAS 2008/A/1622-1623-1624, FC Schalke 04, SV Werder Bremen, FC Barcelona v. FIFA*)中对球员释放进行了实证分析,他们认为,本案在两个方面都是国际体育仲裁院法学的重要组成部分。一方面,它对习惯法在体育法规中的适用做出了清晰、详尽的解释,证明了体育仲裁专业化的必要性和优越性:在奥运会开幕前不久,快速有效的仲裁程序以及体育仲裁小组的专门知识帮助解决了这一案件。另一方面,仲裁小组在其"结语"中还试图在奥运会的重要性和俱乐部的权利之间取得平衡,并强调了奥运会的精神追求。因此,它倡导各方进行密切合作。例如,如果梅西希望为阿根廷队效力,各方就应该努力寻找解决方案。最终他们做到了,他们赢了。[①]

大卫·麦卡德尔(David Mcardle)对国际体育仲裁院2009/A/1912-1913号案件佩希施泰因诉国际滑冰联盟案进行研究发现:首先,

---

① Alexander Wild, *CAS and Football: Landmark Cases*, The Hague: T. M. C. ASSER PRESS, 2012, p. 240.

尽管世界自行车管理机构的审查程序只要求将骑行者的数据提交给九名专家组成员中的三名，但这一要求本身并没有引发法律争议，然而，当这三位专家组成员各自拥有较大的自由裁量权，可自行决定哪些科学标志物需要审查、哪些可以忽略时，问题便由此产生。其次，世界自行车管理机构愿意仅根据生物护照所提供的间接证据来处理案件，而国际体育仲裁院愿意坚持这一做法的举动引起了广泛的关注。世界自行车管理机构在这方面的基本困难和潜在的最终困难反映了佩希施泰因在遵循世界反兴奋剂机构的指导方针方面出现的困难，即这些操作指导方针清楚地设想，它将作为一种"补充战略"使用。但是，在实践中则出现了这种特殊情况：一方面，世界自行车管理机构含蓄地承认其系统存在缺陷，因此采取行动增加目标检测；另一方面，国际体育仲裁院欣然接受世界自行车管理机构的论点，即它确实应仅依赖生物护照的证据。最后，人们都希望世界自行车管理机构及国际体育仲裁院中至少有一方能够找到支持和资源，以便于通过欧洲法院对禁令提出质疑。虽然消除在体育运动中使用兴奋剂的现象是一个值得称赞和广泛接受的目标，但欧洲体育组织遵守欧洲法律和自然公正原则的重要性是无限的。

乔纳森·利耶布拉德（Jonathan Liljeblad）在《福柯、正义与使用假肢的运动员：2008年国际体育仲裁院关于奥斯卡·皮斯托瑞斯的仲裁报告》（*Foucault, Justice, and Athletes with Prosthetics: The 2008 CAS Arbitration Report on Oscar Pistorius*）一文的摘要中指出，皮斯托瑞斯参加2012年伦敦奥运会是将残疾运动员纳入主要国际田径项目的一个重要里程碑。国际体育仲裁理事会发布的2008年国际体育仲裁院仲裁报告最终裁定了皮斯托瑞斯的参赛资格。从表面上看，仲裁报告是对程序错误的纠正，国际体育仲裁院仲裁小组努力纠正了国际田联听证会的裁决，批评该裁决缺乏透明度和"偏离轨道"。该文运用米歇尔·福柯的理论进行了更为深入的分析，并表明该报告揭示了假肢运动员在国际体育仲裁院框架下所涉及的正义本质。①

另外，在一些兴奋剂案件的实证研究中，还发现管理者治理态度的两极分化现象。一方面，为了保证奥运会竞赛过程的观赏性，管理机构对兴奋剂使用者采取了高举轻放的态度，如有学者在《被禁赛运动员的短暂缓刑》（*Brief Reprieve for Banned Athletes*）一文的摘要中指出，反兴奋剂上诉委员会将四名运动员实施为期一年的禁赛令开始日期推迟到样本收集日期，以满足他们参加奥运会的愿望，这一决定堪称司法的缓刑。另有学者在《2012年伦敦奥运会：尽管被禁药处罚，苏格兰自行车手大卫·米拉尔仍有可能参加奥运会》（*2012 London Olympics: Scot Cyclist David Millar Could Compete in Games Despite Drug Ban*）一文中有类似的表述，尽管有禁药限制，但在苏格兰自行车选手大卫·米拉尔是国际体育仲裁院案件受益人的情况下，他依然可以参加接下来的伦敦奥运会。另一方面，国际奥委会为了确保竞赛公平，也接受了较为苛刻的兴奋剂处罚制度——大阪规则，即国际奥委会执行委员会根据《奥林匹克宪章》第19.3.10条和第45条拟定的处罚规则：因违反反兴奋剂规则，被反兴奋剂机构停赛六个月以上的，在停赛期满后，不得以任何身份参加下一届奥林匹克运动会和冬季奥林匹克运动会。为此，一些学者就大阪规则表示强烈反对。②

总之，对当事人的维权案件进行实证研究，一是可以洞察仲裁机制存在的问题，为机制的改进提供理论基础和实践指导；二是可以为运动员维权提供相应的范例，增强其坚持权利救济的意志和决心；三是可以为社会大众提供素材资料，使其对仲裁制度形成一定的认知、判断，以及产生某种社会共同价值观。

第三，法律理论研究。国际体育仲裁院是国际体育最高法院，有

---

① Jonathan Liljeblad, "Foucault, Justice, and Athletes with Prosthetics: The 2008 CAS Arbitration Report on Oscar Pistorius", *The International Sports Law Journal*, Vol.15, No.10, 2015, pp.101-111.

② Orth Jan F, "Striking down the 'Osaka Rule'-An Unnecessary Departure", *The International Sports Law Journal*, 2012.

着相对系统、完整的程序和实体法律制度。其内容主要包括国际体育仲裁院奥运会特设仲裁分院仲裁规则、国际体育仲裁院反兴奋剂仲裁分院仲裁规则、《与体育有关仲裁法典》、《奥林匹克宪章》、《世界反兴奋剂条例》，也包括一般法律原则、法律规则和国际单项体育联合会的有关规章。对该类法律制度的研究情况具体如下：

首先，《体育法：何为体育法？》(Lex Sportiva：What is Sports Law?)是一部重新审视体育法概念的著作，该书较为全面、系统、深刻地论证了体育法的定义、体育法的内容和体育法的社会地位。在该书开头，蒂莫西·戴维斯（Timothy Davis）就提出了"体育法作为一门独立学科是否仅是一种学术好奇心"这一问题。诚然，有人会认为这场辩论只关乎学术层面。然而，这样的结论可能过于短视。因为这种态度并没有承认体育法的发展可以被视为体育背景下关系转变的证据。而且，在更基本的意义上，也许体育法是一个实践领域，可能实践领域对我们这些人来说是在这方面进行练习、学习或写作。我们是否认为自己正在从事一个重要的、严格的、有智力刺激的实践和学习领域？更重要的是，我们是否认为我们的努力值得从事其他领域实践的同事的尊重？简言之，也许这个问题的相关性在于，我们是否认为我们可以为在一个被视为具有实质性价值并被视为法律界重要组成部分的领域工作而感到自豪。其后，戴维斯又指出，作为法律学科，其应当具备如下共识：①法院从其他学科到特定领域的先后独特应用；②在特定背景下产生需要专门分析的问题的事实特点；③涉及拟议学科主题的问题必须出现在多个现行普通法或法定区域；④在拟议的纪律范围内，其主题事项的要素必须有关联、协作或互动；⑤拟议纪律范围内的决定与法律其他领域内的决定相冲突，有关拟议纪律范围内事项的决定影响该纪律范围内的另一事项；⑥拟议纪律对国家的经济、社会、商业、文化产生重大影响；⑦干预主义立法的发展关系；⑧出版以拟议纪律为重点的法律案例书；⑨法律期刊和其他专门出版物的发展出版属于拟议领域范围内的著作；⑩法学院接受拟议的领域；⑪法律协会，如律师协会，承认拟议的领域是一个可单独确定的法律实体领域。最后，该文综合以上分析内容得出如下结论：一是体育法存在；二是根据"来源理论"提出体育法包括公共部分和私人部分；三是建议公共部分命名为体育法（Lex Sportiva），私人部分命名为运动法（Sportive Law）；四是体育法的"核心"主要是"法官制定的法律"。此外，从另一个角度来看，可以说游戏法则（这里的术语是在一般意义上使用的）实际上是运动法则的"核心"。然后，它们被国家、区域和全球各级体育管理机构的规章所包围，共同构成了运动法。在这个圆形模型中，运动法在各个层面上都被体育法所包围。①

其次，《国际体育仲裁院及其判例》（*The Court of Arbitration for Sport and Its Jurisprudence*）也是一部对体育法律制度进行实证调查研究的书籍，其内容主要包括说明、法理和角色三个部分。第一部分"说明"回顾了国际体育仲裁院从一个相对边缘的仲裁机构发展到国际体育"最高法院"的历程，它裁决了体育领域内的许多重要案件，对体育的发展产生了广泛和深远的影响。可以说，国际体育仲裁院既是维护跨国法律秩序的重要典范之一，也是体育法的关键行动者之一。第一部分简要介绍了国际体育仲裁院和该书主要内容，并描述了该书试图回答的问题及理论研究框架。然后，描述了相关数据和用于研究该数据的方法，其中特别包括对网络分析的关键概念的介绍。第二部分"法理"着重论证了国际体育仲裁院仲裁实践的法学机理。约翰·林德霍尔姆（Johan Lindholm）认为，将国际体育仲裁院的决策体系视为连接的网络，研究这样一个网络可以发现国际体育仲裁院判例的基本结构、国际体育仲裁院如何与其以前的决定相关，以及随着时间的推移是如何发展的。第三部分"角色"探讨个人倾向的性质、原因及其影响。鉴于仲裁员构成了体育仲裁院的主体，他们不仅有权裁决运动员个人纠纷，而且有权制定更广泛的国际体育法。因此，熟悉和掌握国

---

① Robert C. R. Siekmann and Janwillem Soek, eds. *Lex Sportiva: What is Sports Law?* The Hague: T. M. C. ASSER PRESS, 2012.

际体育仲裁院及其判例、了解谁在仲裁小组中任职是很重要的。

最后，还有国际体育仲裁相关年鉴资料，其内容同样涉及国际体育仲裁院机构发展、仲裁程序机理、仲裁法律适用，以及相关案例分析等方面的研究，鉴于已在前面研究内容中述及，故不再进行展述。

综观以上国外研究可以发现，在奥运会体育仲裁领域，国外学者与我国学者在研究内容及思维观念上存在相似之处，并且均无直接涉及程序性权利的针对性研究。第一，国外学者同样认为奥运会体育仲裁具有司法管理的强制特性。如利耶布拉德认为，国际体育仲裁院特设机构的程序过程具有司法性质。[①] 这与我国学者郭树理、李倩在《奥运会特别仲裁机制司法化趋势探讨》一文中的认识不谋而合。第二，国外学者也强调程序公正的重要性。穆罕默德·达万卢（Mohamad Reza Davanloo）认为，国际体育仲裁理事会制定的准则应尽可能以最佳的方式解决竞技体育运动中的相关争议，从而保障各方当事人的权利。达万卢还从国际体育仲裁院程序规则的不同方面对程序、程序公平等核心内容以及基本法律原则进行研究。[②] 杜瓦尔认为，在奥运会选拔资格争议中，必须最适当地确保运动员的公平程序权利。[③] 第三，国外学者也强调体育纠纷解决方式的不可替代性。雅各布·科恩贝克（Jacob Kornbeck）认为，若基于对"仲裁"的宽泛理解，通过大量案例对"仲裁与诉讼"的关系展开比较研究，不仅无法系统评估二者在具体案件处理结果中的因果关联，甚至也难以系统评判每种争端解决方式的相对优劣。相反，科恩贝克选取了十个"替代性争端解决"案例——正如其本人所阐释的——这些案例既展现了不同司法管辖区的

[①] Jonathan Liljeblad, "Foucault, Justice, and Athletes with Prosthetics: The 2008 CAS Arbitration Report on Oscar Pistorius", *The International Sports Law Journal*, No. 15, 2015, pp. 101–111.

[②] Mohamad Reza Davanloo, "The Procedural Rules of the Court of Arbitration for Sport", *Journal of Politics and Law*, Vol. 10, No. 4, 2017, pp. 156–164.

[③] Antoine Duval, "Getting to the Games: The Olympic Selection Drama(s) at the Court of Arbitration for Sport", *The International Sports Law Journal*, No. 16, 2016, pp. 52–66.

复杂性，也反映了多元的体育、政治、文化和管理背景。[①] 由此可知，各种替代性争端解决方式各有其优缺点，不能相互代替。同时也意味着仲裁不能取代司法管理，甚至不能脱离司法机关的监督。综上可知，国内外学者同样重视仲裁程序在保障运动员权利方面的价值作用。他们的研究不仅对仲裁程序的公正提出了相应的要求，也为运动员程序性权利的保护提供了理论支撑。但是，有关程序性权利的针对性研究却并不明确，这在一定程度上又限制了运动员行使程序性权利。因此，有必要加强奥运会体育仲裁中的程序性权利研究，明确程序性权利的内容范围，便于运动员更好地维护自身权益。

三、研究思路与方法

（一）研究思路

首先，本书从法理视角分析奥运会体育仲裁中程序性权利保障机制存在的问题，并在此基础上提出相应的制度优化措施和权利救济方案，从而保障运动员的程序性权利在国际体育仲裁院奥运会特设仲裁分院和国际体育仲裁院反兴奋剂仲裁分院仲裁庭的执裁过程中得到有效维护，使得运动员的各种体育争议能够得到公平、公正、合理地解决。由于履行仲裁程序是运动员维权的必经途径，程序性权利的保障就成为运动员维权的必然要求。如若仲裁程序不能满足运动员合理的程序性权利要求，其程序公正性就会受到当事人及社会公众的质疑，其裁决结果的公平合理性也就难以彰显。所以，要想维护运动员实体性权利，就必须尽最大可能给予其程序性权利以可靠保障，这就是本书研究奥运会体育仲裁中程序性权利的理论逻辑缘起。

其次，本书对奥运会体育仲裁中程序性权利的研究范围进行界定。对研究范围的阐释既有利于人们深入理解程序性权利的内涵、外延、

[①] Jacob Kornbeck, "Dispute Resolution in Sport: Athletes, Law and Arbitration", *Sport, Ethics and Philosophy*, Vol. 11, No. 4, 2017, pp. 477-483.

地位及价值作用，也有利于明确奥运会体育仲裁中程序性权利研究的具体内容。在此基础上，本书对运动员程序性权利的制度渊源、制度属性和制度限制进行探讨，从而为优化和完善奥运会体育仲裁制度提供方向。

再次，本书着力探明奥运会体育仲裁中程序性权利保障的症结和现状，这也是本书的点睛之处。这一部分希望厘清运动员程序性权利保障存在的问题及其原因，为后续构建更加完善的运动员程序性权利保障机制提供研究支点。

最后，本书提出优化奥运会体育仲裁制度、拓展和完善程序性权利救济路径的措施、手段，从而使运动员程序性权利得到更加可靠的保障。

其中，探明奥运会体育仲裁中程序性权利的制度保障问题是进行制度优化和提供救济方案的必要根据。为此，本书第二章阐述了程序性权利的制度渊源、制度属性和制度限制。首先，从管辖赋权、制度确权、法律适用三个维度分析奥运会体育仲裁中程序性权利的渊源；其次，结合奥林匹克运动的特点论述奥运会体育仲裁制度的基本属性；最后，探讨运动员程序性权利的制度限制情状，为进一步探研对运动员程序性权利的保障作好铺垫。第三章重点分析了运动员程序性权利保障的现状及症结。通过分析运动员程序性权利保障存在的问题及其背后的原因，具体解析运动员程序性权利保障的真实情状，对比国际体育仲裁院奥运会特设仲裁分院、国际体育仲裁院反兴奋剂仲裁分院两个机构仲裁制度管理的异同点，为后续探讨如何保障和救济运动员的程序性权利提供研究基础。

另外，优化奥运会体育仲裁制度、保障运动员的程序性权利，必须有正确的价值观念和科学的指导原则。本书第四章论述了奥运会体育仲裁中程序性权利保障应坚持的理念和原则。理念主要包括人权、公平、效率和秩序四个方面。与此相对应，应坚持的指导原则有以人为本原则、主从协调原则、内外结合原则和程序公正原则。

第五章重点论述了奥运会体育仲裁中程序性权利保障的路径,强调程序性权利的保障必须全方位施行、多部门综合治理。第五章内容主要包括三个部分:第一部分重在论证程序性权利的规范确认,突出强调程序性权利制度确权的必要性,明确权利确认的责任主体和范式结构;第二部分强调发挥奥运会体育仲裁监督机制的功用,监督机制是包括司法机关、仲裁管理组织,以及社会群体在内的全方位多元化监督体系;第三部分重点论述运动员程序性权利的救济途径,主要论述内部上诉救济机制和外部上诉救济机制两个方面。

(二) 研究方法

第一,文献资料法。收集国内外相关文献资料,整理发现奥运会体育仲裁制度中对程序性权利保障的不足之处,以及其他相关制约因素,并以此为根据提出相应的改进措施或解决方案。首先,查阅武汉大学综合图书馆和法学院图书馆的文献资料,其中既有国内学术著作,也有国外论著。我国学者的专著主要有《体育法学》《体育法的理论与实践》《国际体育仲裁研究》《外国体育法律制度专题研究》《体育法案例评析》《国际体育仲裁的理论与实践》《欧洲体育法研究》《仲裁法学》《我国体育仲裁法律制度研究》《体育争端解决法律与仲裁实务》等;国外的文献资料主要有《奥林匹克竞赛规则》(The Law of the Olympic Games)、《现代体育法》(Modern Sports Law)、《仲裁裁决》(Arbitration Awards)、《国际体育法手册》(Handbook on International Sports Law)、《美国的体育法》(Sports Law in the United States)、《国际体育仲裁院及其判例》等。其次,检索中国知网、中文社会科学引文索引(CSSCI)、Web of Science 核心合集、泰勒-弗朗西斯(Taylor & Francis)等网络文献资源,主要查询有关程序性权利的国内外学术性论文。

第二,实证研究法。该方法在这里着重指对相关案例及体育争议事件进行实证研究,用奥运会中的仲裁案例和重大体育争议事件来佐证本书研究内容。在研究过程中，尤其注重对典型性案例事件的分析，如帕特恩诉盖瑞特案、林德兰德传奇案、杰弗里·齐纳诉黎巴嫩奥委会案、2016年里约奥运会女子4×100米接力赛重赛争议事件、1996年亚特兰大奥运会竞赛规则争议事件等，依据翔实案例资料进行探讨分析，以解决奥运会体育仲裁中程序性权利的保障问题。

第三，比较研究法。该方法主要涉及两方面研究内容：一是实体至上论和程序至上论的理论对比；二是国际体育仲裁院奥运会特设仲裁分院和国际体育仲裁院反兴奋剂仲裁分院两机构仲裁程序及其功能的对照研究。实体至上论和程序至上论的理论对比重在探讨程序性权利和实体性权利何者为第一性的问题，进而指出实体至上论和程序至上论的各自优点和缺陷，并以此论证奥运会体育仲裁中程序性权利保障研究的重要性。国际体育仲裁院奥运会特设仲裁分院和国际体育仲裁院反兴奋剂仲裁分院两机构仲裁程序的对照研究则重在探研不同制度实践对运动员程序性权利的具体影响，梳理出这两种制度的利弊优劣，从而为奥运会体育仲裁制度的改进及程序性权利的保障提供理论支撑和实践指导。

第四，价值分析法。该方法主要有两方面作用：一是有助于强化科学研究的目的及意义；二是有利于科研工作的积极推进。分析程序性权利的价值、内涵和功用，不仅可以对奥运会体育仲裁中程序性权利的研究目的和意义起到强化作用，还可以为探明运动员程序性权利的保障机制产生助力。为达成该研究目的，实现其研究价值，本书提出了运动员程序性权利保障应当坚守的基本理念和原则，强调了运动员程序性权利保障的系统全面监督机制，设计了运动员程序性权利受到侵犯时的救济路径。

第一章 奥运会体育仲裁中程序性权利研究范围界定

本章主要探讨程序性权利的内涵、价值与功能,并在此基础上确定程序性权利的研究范围和具体内容。对程序性权利的内涵、价值及功能进行探讨,既可以阐明该研究的理论基础、价值作用及相应地位,也可以进一步促进该课题的研究。奥运会体育仲裁中程序性权利研究范围界定则可以指明课题研究的具体内容和向度。它们是奥运会体育仲裁中程序性权利研究的基础理论部分。

第一节 程序性权利的内涵、价值及功能

一、程序性权利的内涵

(一) 法律程序的含义

在现代汉语中,"程序"一词意义多变,它可以解释为规程、程式或次序等内容,[①] 用以表达比如机器的操作流程、电脑的操作规程、事项的展开步骤或者先后顺序等过程。孙笑侠认为,从普遍意义上讲,

---

① 段鹏飞:《论程序公正在我国法治建设中的应用》,西安科技大学硕士学位论文,2005年,第7页。

程序意指社会存在为实现一定的社会目的而采取的方法、步骤及过程；作为法律程序，则重点强调的是执法主体为解决权益纠纷而从事的法律行为，作出法律决定的方式、过程，以及在该过程中形成的各种法律关系等。其中，过程是时间术语，方式和关系则表达空间概念，这三要素形成时空上的统一体。当然，在此过程中也离不开执法主体和双方当事人的共同参与。伴随法治社会的发展，法律程序制度不断完善，程序至上论得以形成，法律的正当程序要求也得到重视。孙宏坤指出，正当程序起源于古希腊著名思想家柏拉图的正义观，在近代英美等国家被称为"正当的法律程序"，美国法律接受了正当程序观念，并发展为程序性正当程序和实体性正当程序。其中，程序性正当程序要求解决利益争端的程序必须合理、公正。而关于实体性正当程序，学界主要有以下两种观点：一是称谓上存在逻辑矛盾，如约翰·哈特·伊利（John Hart Ely）认为，实体程序这一术语的矛盾类似于绿色的浅红；二是要避免依据正当法律程序损害公民实体性权利的情况。

  首先，法律程序存在固有品性。虽然程序至上论的形成与发展历经时代变迁，但法律程序依然保持着共同的特质，具体表现在三个方面：一是法律程序的时空性。即法律程序离不开法律时间和空间。时序和时限二要素组成了法律时间，通过时序安排，在规定时限内完成相应的法律行为，即没有法律时空就没有法律关系的确定性；法律空间由行为方式和空间关系组成。在空间关系中，主体和行为应当确切和相关，而行为方式应当有所不同。二是法律程序指向的特定性。法律程序指向具体法律行为，法律程序不同，法律行为亦不同。例如民诉程序针对民事法律行为，刑诉程序指向刑事犯罪行为。三是法律程序的形式性。法律程序表现为形式性，同时也具有阶段性。一方面，法律程序的时序性决定了它必须在一定的时间内存在，并且不能脱离该时间区间。这一时间区间通常表现为时间阶段，故而具有阶段性。另一方面，这些阶段彼此之间相互连接、依次递进，从而表现出连续性特征。并且法律程序之间不得间隔、跳跃，否则就会破坏法律程序的形式性。法律程序的行为模式可以反复适用，具有国家的强制性、规范性和意志性。

其次，法律程序根据不同分类标准包含不同内容。按照法律行为的内容及性质进行分类是一般标准，据此，温斯顿认为，法律程序应分为审判、调解、契约、立法和管理指令五种主要类型。季卫东的解释则相对较为宽泛，认为程序类型应包括审判程序、立法程序、调解程序、行政程序、选举程序等。以上分类虽然名称上有些出入，但法律程序的内容上区别不大。其主要区别在于季卫东把原本属于政治活动的选举内容也列为法律程序，把董事会决策程序等非公共问题也作为法律程序看待。

（二）程序性权利的含义

程序性权利和法律程序二者既相互联系又彼此有别。第一，法律程序是程序性权利的前提和基础。虽然程序性权利源自法律程序的设置，但法律程序的设置未必一定成为当事人的程序性权利。法律程序的设置应以必要和正当为条件，非必要或者多余程序以及非正当程序非但不能成为当事人的程序性权利，反而会成为当事人的沉重负担。法律程序的设置只能说明当事人的程序性权利成为可能，即应然权利，而能否实现还要看促成程序性权利的相关条件是否具备。由此可知，程序性权利建立在法律程序的基础之上，没有设定相应的法律程序也就不存在所谓的程序性权利。从另外一个角度看，程序性权利则是由法律程序的对象性发展或转化而形成的，而法律程序的建立则是对实体性权利的回应。具体而言，程序性权利的形成根源于当事人拥有的实体性权利、程序执行人的程序性义务以及程序自身的内在价值。这有三个方面的原因：一是程序性权利是实体性权利实现的路径保障；二是程序性权利是由法律程序执行人根据其程序性义务直接赋予的；三是法律程序的独立价值，如程序的参与、中立、尊重、及时、法治等内容，尽管不直接拥有实体结果，也依然赋予当事人以程序性权利。

第二，法律程序和程序性权利存在较大区别，二者不可等视同观。首先，法律程序表达的是诸如执法、仲裁或者审判等处理案件纠纷等事务的动态步骤过程，而程序性权利反映的则是当事人主体对程序主张权利的思想态度或者法律规定的事实状态。其次，法律程序具有客观性。法律程序一旦设置完毕就已客观存在，不管法律程序执行者是否完全执行都不能改变这一事实。程序性权利则具有主观、客观的复合特性，作为法定的权利它是客观存在的，作为当事人的主张它则是主观的。并且它的实现不是当事人可以独立完成的，还需要法律的确权、执法者的能力和责任心，以及相关环境条件的完善等要素的共同作用。

综上分析，本书认为，程序性权利是以法律程序为基础，并经过法律程序的对象性发展而形成的一种复合性权利，它根源于当事人的实体性权利、程序执行人的程序性义务及法律程序自身的内在价值。虽然程序性权利离不开法律程序的设置，但法律程序的设置也不可任意为之，必须遵循一定的原则，具体要求如下：一是应遵循必要性原则。法律程序设置应尽量减少不必要的程序，避免人力、财力、物力等资源的浪费，这也是为了提高法律程序执行效率，减少讼累。二是要坚持可行性原则。可行性原则要求法律程序的设置应考虑当时的社会环境条件，只有顺应时代条件、符合社会需求的程序设置，才能够得到有效执行。离开社会环境条件的程序设置，不仅可能导致事倍功半，达不到法律程序设置目的，甚至还可能难以经受实践检验而以失败告终。三是要坚持正当程序标准。正当程序标准的要求不仅有利于实现程序正义的目标，还能够约束执法者的行为，最终有利于达成实体正义的结果。例如，阿诺得·扎克（Arnold M. Zack）在《为就业仲裁带来公平与正当程序》（*Bringing Fairness and Due Process to Employment Arbitration*）一文中认为，在雇佣关系中，雇主往往制定有利于自身的仲裁协议，而成立专门工作小组形成公正程序的仲裁协议才能保障雇工的切身利益。四是要坚守最低限度正当程序标准。正当程序的最低限度标准是自然正义的基本要求，其核心内容是执法者的中立性和当事人的知情权。故此，有学者认为，正当程序的最低标准包括三个方面，即当事人的知情权、当事人的听证机会、主持人的独立公正。① 满足最低正当程序标准可以实现当事人权益的最低要求，这也是对法律程序的基础要求。

(三) 法律地位之争

法律权利按其内容和功用的不同可以划分为实体性权利和程序性权利。实体性权利是人们拥有法律所保护的某种实体利益的权能或资格，主要表明主体对利益或资源的拥有状态。② 程序性权利反映权利的过程特性，表现为主体实现实体性权利或者防止实体性权利受到侵害而享有的法律所规定的程序内容上的权利。另外，也指程序本身具有的价值。③ 伴随法治社会的发展，学界先后出现了实体至上论和程序至上论两种理论，它们映射出法律学者在不同社会历史阶段对这两种法律权利的不同认知。现今，我们深知这两种权利紧密相连、不可分离。

第一，实体至上论。实体至上论的形成有其深刻的社会背景和历史根源。实体至上论认为，程序法只是实体法的保障工具，它不具有主体地位，实体法才是法律的重心。如《牛津法律大辞典》关于程序法的注释为："程序法是使法律权利得以按照某种程式执行的一种机器，而不是某种产品。"④ 实体法的至上地位在于它规定社会主体的权利、义务和责任。法理认为，应有权利、法定权利和实有权利是权利的三种形态，在社会认可和实现过程中呈现层次递进的路径，即应有权利—法定权利—实有权利的发展进路。然而，它们之间也有很大部分内容重叠，但没有平行关系。现实社会中，实体性权利是指法定权利，并且由法律赋予人们实现的力量。关于实体性权利的地位和性质，

---

① 李龙主编:《法理学》,武汉:武汉大学出版社,2011年版,第405页。
② 王锡锌:《行政过程中相对人程序性权利的研究》,载《中国法学》,2001年第4期,第76页。
③ 胡敏洁:《论行政相对人程序性权利》,南京河海大学硕士论文,2003年,第4—5页。
④ 李晓春、刘丽:《诉讼法基本范畴研究》,长春:吉林人民出版社,2005年版,第14—15页。

国内外法学理论均对其进行了理论诠释，且尤为强调的是"权利中心"思想，实体至上论也是在此基础上形成的。

首先，"权利中心"思想是实体至上论的理论渊源。早在古希腊时期，西方社会就出现了"自然权利"学说，有人曾把它等同于"天赋人权"学说，该理论认为，每个人都享有尊严，且人人平等。如若没有权利上的相互尊重，社会就不复存在。这凸显出权利对于人和社会的重要性。为了强化权利的重要性，"自然权利"学说把权利归结为受到自然法，即理性的指引，而理性又是上帝的旨意。"自然权利"学说正是通过上帝的权威来诠释权利的重要地位。近代"天赋人权"学说同样是以权利作为社会价值的中心，只不过把自然法的意志由上帝转向了人类自身的理性。以上为古典自然法的相关理论，其代表人物主要有洛克、格劳秀斯、孟德斯鸠、霍布斯等人。他们尽管对自然权利的见解和描述存在差异，但普遍认为：人生而自由平等，但权利在自然状态下并不能得到有效的保护，必须通过协议组成社会或国家的形式，才能有效保护人们的自由、平等等各种权利。现代自然法学派更为重视权利，如德沃金的权利至上观点认为，服从法律是人们应尽的责任，但是服从的法律必须是良法。一旦制定的法律违背了社会道德责任，也就意味着该法与良法背道而驰，这时的人们应选择遵从社会良知，而不是坚守服从不道德的法律。因此，人们具有违背法律的道德权利，也即善良违法。边沁、休谟、亚当·斯密、萨维尼、奥斯汀等法学家虽然也反对自然法理论，但同样认可权利的价值中心地位。功利主义者边沁认为，自利是人的本性，人人都有权追求对自己有利、快乐的事物。古典自由主义者、政治经济法学家亚当·斯密则强调："最能理解和判别自身的利益的只能是个人，社会应允许个人自由选择自己的生活道路并自主安排相关事务。"① 时至今日，"权利中心"思想在西方法哲学中依然占据重要地位。

---

① 张文显：《二十世纪法哲学思潮研究》，北京：法律出版社，2006年版，第203—204页。

我国曾长期处于封建社会，在此期间并没有真正形成"权利中心"思想。① 在当代，伴随社会改革及市场经济发展，人们的权利意识快速提升，"权利中心"思想也日渐形成。"权利中心"思想的形成使国家更加重视权利价值，进而促成在立法上的规范确认，从而为实体至上论奠定法律基础。

其次，程序工具论是实体至上论的现实依据。有学者认为，程序工具论思想源自程序自身，也即程序具有工具属性。程序的工具属性可以从两个方面进行说明：一是程序自身具有的价值属性；二是与程序有相关利益联系的价值属性。那么，程序自身的价值可以称为内在价值，与其他权益相关的价值则称为外在价值或工具价值。在诉讼活动中，程序主体的首要目的是实现自己的实体性权利，程序利益则被看成是负利益，因此，把程序当作实现实体性权利的工具是程序主体的现实考量。但程序的工具性价值并没有也不能否定程序自身的独立价值，相反，程序的工具性价值正是立足于程序的自身价值之上。② 然而，程序的工具性价值在发展中又走上了一个极端境地，那就是以结果来决定程序操作过程，忽视程序自身的价值，片面强调程序是实现实体性权利的手段。程序工具论的极端发展映衬出实体性权利在法律秩序中的价值中心思想，实体法的法律地位也由此得以凸现，实体至上论的观念也就此形成。由于实体至上论强调实体法的重要地位，程序法的价值作用没有得到应有的重视，因此，正当程序内容将难免受损。另外，"重实体，轻程序"的观念还强调"打击即保护""宁错勿纵"。③ 在一定情况下，公正程序一旦严重缺失，不仅有可能实现不了实体公正，甚至还可能出现冤假错案。④ 同理，现今的奥运会体育仲裁机制为了满足竞技赛事利益而大量削减仲裁的正当程序内容也是信奉

---

① 李步云：《人权法学》，北京：高等教育出版社，2015年版，第30—37页。
② 张海燕主编：《山东大学法律评论》（第五辑），济南：山东大学出版社，2008年版，第125—129页。
③ 杨帆：《试论审判公正》，载《辽宁工学院学报》，2004年第6期，第68页。
④ 李晓春、刘丽：《诉讼法基本范畴研究》，长春：吉林人民出版社，2005年版，第20页。

实体至上论的结果，最终很可能导致运动员程序性权利受损。

综上所述，尽管实体至上论受到法律学者或者程序主体认知的限制，但实际上受制于现实社会的历史条件。在一定的历史条件下，实体至上论有其社会进步意义，但伴随着社会的进一步发展，法律学者们逐步认识到实体至上论的不足之处。至此，程序至上论开始登上历史舞台。

第二，程序至上论。程序至上论又称程序本位主义，其与绝对工具主义程序理论的观点完全相反。绝对工具主义程序理论认为，程序法并没有任何独立价值，故程序法本身不能成为人们的价值目标，而只能作为实现某种外在目的的工具。程序至上论却反其道而行之，不仅颠覆了绝对工具主义程序理论，还把程序自身的内在品性作为评价程序价值的唯一标准。程序至上论认为，过程价值重于结果价值，只有经过正当程序才能得出最大可能正确的结果，否则，就难以得出正确的结论。① 在现代法治社会中，没有程序也就没有权利，更枉论实现公正的结果。②

程序至上论是经过法律学者的反复理论论证，以及国家各种司法机构的实践总结，对法律程序的实质和功用形成的一种深刻的理论认知。如美国法学家约翰·罗尔斯（John Rawls）提出了程序正义的三种形式，即纯粹的程序正义、完善的程序正义和不完善的程序正义。③ 迈克尔·D. 贝勒斯（Michael D. Bayles）则提出，法律程序的目的是查明真相与解决争执。④ 纵观法治发展历程，梳理研究法律制度的相关历史文献资料可以发现，法律制度模式历经混沌、实体中心和程序中心三个发展阶段。其中，程序中心制度模式即程序至上的意思表达。现今，伴随社会民主化程度的日益提高，法治国家成为当代社会的必然要求，

---

① 王超：《刑事诉讼法学习小词典》，北京：中国法制出版社，2006年版。
② 邓琦：《论和谐社会中的法律程序至上》，载《北方经贸》，2011年第5期，第25页。
③ 伍浩鹏：《贫弱被追诉人法律援助权研究》，北京：中国法制出版社，2007年版，第63页。
④ 迈克尔·D. 贝勒斯著，张文显译：《法律的原则——一个规范的分析》，北京：中国大百科全书出版社，1996年版，第37页。

程序价值的中心地位也更为凸显。就此而言，法律程序之至上地位已然得到国内外法律学者的广泛认同。如潘念之在《法学总论》中提出，实现实体法的诉讼法则为上位阶梯的法，即程序法属于上位法，而实体法属于下位法。① 再如，有学者研究罗马的《十二铜表法》指出，该法的前三表内容为诉讼程序法（传唤、审判、求偿）。此外，程序法还决定着实体性权利的有无及质变的程度。② 日本学者谷口平安声称，程序法乃是实体法之母。③ 美国大法官威廉·道格拉斯（William Orville Douglas）评论道："程序法意义重大，正是程序把法治和人治区别开来。"④ 美国法学家罗斯科·庞德（Roscoe Pound）同样认为，程序不仅是法治的核心内容，也是法治从法律形态走向现实形态的必由之路。⑤ 程序的重要性既然得到法律学者们的广泛认同，那么它必然有其非凡价值，法律学者们普遍认为其意义如下：一是可以规范官员的行为，使其不能恣意妄为；二是公正程序的本身可以保障诉讼结果正当化；三是通过参与程序可以使人们科学、合理地预见程序的未来。⑥ 因此，在司法过程中，一旦出现正当程序内容缺失，就有可能出现官员行为缺乏约束、实体结果不公，以及人们无法预知未来结果等情况。

另外，也有学者认为，程序至上论并非完美无缺，还需要适时调整和不断完善。如王曦指出，美国对抗制诉讼模式存在极易导致程序延迟的缺陷。在该诉讼模式下，控辩双方围绕争点展开辩论，竭力纠缠，致使程序代价高昂且难以操控。作为一种程序模式，司法过程必须按照程序各个环节和步骤依次完成，深谙此道的律师可以根据这些环节步骤来操控整个诉讼过程，以达到有利于犯罪嫌疑人的辩护目的，

---

① 潘念之：《法学总论》，上海：上海知识出版社，1982年版，第25页。
② 刘远：《刑事法哲学初论》，北京：中国检察出版社，2004年版，第360页。
③ 谷口平安著，王亚新、刘荣军译：《程序的正义与诉讼》，北京：中国政法大学出版社，1996年版，第8页。
④ 季卫东：《法治秩序的建构》，北京：中国政法大学出版社，1999年版。
⑤ 庞德：《通过法律的社会控制——法律的任务》，北京：商务印书馆，1984年版，第22页。
⑥ 胡亚球：《民事诉讼制度的理论基础》，厦门：厦门大学出版社，2008年版，第278页。

最终使得诉讼结果难料,出现程序进展缓慢等情况。[1] 另外,除了人为因素,程序设计也可能存在瑕疵,这些问题的出现均需要法官进行相应地调整或者矫正。例如,在证据制度中,美国纽约上诉法院的法官就是通过对传闻证据规则的不断调整来保证实体正义的实现。[2]

总而言之,实体至上论和程序至上论在维护人们的权利方面都有其存在的历史价值和意义,它们再现了人类社会不同历史时期的法治烙印,反映出人们对法治精神的认知程度。尽管这两种理论均存在历史上的认知局限,但也有其人所共知、一致认同的重要价值。首先,实体法和程序法是法律的一体两面,各有其应用价值。实体法规定权利主体的具体权利、义务和相关职权、责任等内容,重在表达受到法律保护的人们利益的资格或权能。程序法则是权利、职能的行使和实现的程序保证,体现的是程序的运作方式、运行规则,以及价值秩序等内容,反映的是实体性权利的实现过程。虽然实体法和程序法的具体内容与存在方式不同,但它们有着内在的一致性。这主要表现在两个方面:一是根本目的相同。实体法通过法律确权使得权利主体的利益得到确证,程序法则规定了实现实体性权利的过程,它们均是为了保护权利主体的利益。二是共同构成法律体系。实体法是规范权利是什么的法律,即可以做什么、不可以做什么。程序法是解决怎么办的法律,即怎样找到救济方法。它们共同构成了一国法律体系。其次,实体法与程序法既相辅相成,又相对独立。程序法的启动基于权利的失衡,即实体法的破坏。同时,程序法又是实体法的补充。例如,在人类的生活中,法律不可能面面俱到,更不可能预知未来,这时就会按照法律的精神或者原则来处理案件,即扩大法官的自由裁量权。而制约公权力,可以通过程序法来进行。程序法具有独立的特性,它自成体系。每一部程序法都可以运用到不同的实体法中,而每一部实体

---

[1] 王曦:《失衡与矫正:程序至上主义——以美国刑事诉讼为视角》,载《检察前沿》,2009年第12期,第44页。

[2] 江伟主编:《民事诉讼法学案例教程》,北京:知识产权出版社,2007年版,第14页。

法却不一定有相同的程序法。①

实体法重点是对权利规定的叙述，程序法主要是对司法程序的展述。实体法和程序法对应各自的权利。实体性权利和程序性权利各有其自身价值，二者不可偏废，它们共同构成了权利主体的权利内容。实体性权利以法律的强制性规定为特征，它是权利主体维权的基础；程序性权利则是实体性权利的形式保障，只有通过程序性权利的实施或者运行，实体性权利的内容才能得到落实和保障。但是，由于时间、人力、物力、精力等客观因素限制，不能对所有诉讼程序的各种程序性权利都进行研究，本书主要针对运动员在奥运会体育仲裁中的程序性权利内容进行研究，旨在探索运动员程序性权利的保障路径，为实现运动员的实体性权利打好基础，努力做到服务奥运、服务社会需求。

二、程序性权利的价值

理论上讲，程序性权利为实体性权利的实现而生，但是，程序性权利一旦形成就具有自身独特价值。本书认为，程序性权利的价值具有独立性和工具性的双重价值属性。独立性价值是指程序性权利的自身内涵价值，比如程序的中立性、程序的平等性、程序的人性化等属性，它与实体结果无关；工具性价值则是指程序性权利的外在价值，其与实体结果紧密相关，通过行使程序性权利来达成当事人预期的实体目标，如知情权、辩护权、质证权的行使就是为了维护当事人自身权益，以达成实体目标。

第一，独立性价值。关于程序性权利的独立性价值，有学者试图从本体意义上进行说明，其主要理论依据是抽象诉权说和程序本位主义。② 根据抽象诉权说，诉权是指当事人向法院提起诉讼请求并要求合法判决的权利，是人人享有的启动诉讼程序的一种权能，并不依赖任

---

① 李龙主编：《法理学》，武汉：武汉大学出版社，2011年版，第396—401页。
② 孔祥生：《论公民程序性权利的基本内涵》，载《学术交流》，2006年第6期，第42页。

何实体存在。① 但该理论能否说明程序性权利的独立性价值仍有待商榷。抽象诉权说把程序性权利视作权能或者资格，只是表达了当事人拥有这样一种应然性权利，是一种理论的概念抽象，并没有说明程序性权利的自身固有属性，故而该学说并不能完全解释程序性权利的独立特性及价值。程序本位主义则完全否定了程序工具主义，它认为程序的唯一评价标准是内在品质，强调程序过程的重要性，只有正当程序才能得出正确的实体结果，非正当程序产生的结果绝不能被认为是正确的。② 这种理论同样具有不妥之处，它完全否定程序性权利的工具性作用。虽然程序本位论者不仅认为程序具有内在品质和过程含义，还特别强调了正当程序的价值作用，但其对独立性价值的认识过于绝对，未能全面理性地阐释程序性的独立性价值。

综上分析可知，首先，程序性权利的独立性价值是程序自身含有的价值品性，一旦确立其属性，就不受外界的影响而改变，正当程序的要求则是程序性权利高尚品性的表达。如程序的对立面设置就是对程序的公平和公正品性的要求，程序没有这种对立面的设置将不利于保证实体结果的公正。其次，正当程序的独立品性要发挥价值作用离不开它的工具性作用，正是通过程序的工具性价值作用，正当程序的独立品性才得以施展，并最终可以达到预期的实体结果。

第二，工具性价值。首先，程序表达的是某种过程量，它的作用是通过程序的展开来达到实现某种实体价值的目的，体现的是法律程序和实体规范的关系或者程序法与实体法的关系。从本质上看，这里凸显的是程序的外在价值，也即外在的工具性作用。程序法是实体法中权力责任关系、权利义务关系得以运行和实现的保证，没有程序或者程序不完备，权利义务、权力责任关系的实体结果将会很难实现，当然也不会存在法治的管理形式。即便能够达成实体目标，那也是人

---

① 戴锐：《民事诉权学说探析》，载《国家检察官学院学报》，2008年第2期，第137—143页。
② 王超：《刑事诉讼法学习小词典》，北京：中国法制出版社，2006年版，第3—4页。

治下的法治管理举措。故此,法律程序被有关学者称为"法律的母胎",①马克思则称它为"法律的生命形式",就像动物外形与血肉之间的关系一样。②其次,程序形式的根据是实体内容,并且还会促进实体内容的发展。在法治史上,有些实体性权利或者实体规范并不是先于程序法出现的,而是出现在程序法之后,并且由程序法创制形成。如罗马法首先发展的是诉权,伴随诉权的增加,实体法也不断通过程序法的推动而被创制并充实起来。这种现象也即学者所谓的"程序乃实体之母"。③英国法不同于大陆法系,其深受"程序优先"的价值观影响,认为"程序先于权利"。只有严格遵守正当程序内容才能得出公正合理的结果。④从英国法的进展历程来看,起初普通法的内容仅有少量程序法内容,实体性权利并不存在,它是在案件受理后经由程序推导而产生的。在13世纪时,英国还没有商事法律实体规范,商事法律也只被认为是一种简易的特殊程序或者证据规则。直到17、18世纪,资本主义的私法才历经程序的确认和保护而发展壮大起来。因此,有学者认为,实体规范一定程度上是由程序形成的。⑤此外,维护法治的安定性和权威性是程序的又一种工具性价值。法治的安定性和权威性由其自身属性决定,通过程序加以显现,让社会进行评价衡量。司法权是实现社会正义的底线,而实现社会正义不仅要求法律人具有高尚的职业素养,同时,更强调程序的中立、独立、理性、公平、公正等方面的价值品性。从制度层面上看,司法制度的形式理性、中立性、独立性等看得见的正义品性才是法治的最终保障。⑥它可以约束官员的

---

① 郭道晖:《法理学精义》,长沙:湖南人民出版社,2005年版,第22页。
② 中共中央马克思恩格斯列宁斯大林著作编译局编译:《马克思恩格斯全集》(第一卷),北京:人民出版社,1956年版,第178页。
③ 谷口安平著,王亚新、刘荣军译:《程序的正义与诉讼》,北京:中国政法大学出版社,1996年版,第7页。
④ 达维德:《当代主要法律体系》,上海:上海译文出版社,1984年版,第229页。
⑤ 季卫东:《法律程序的意义》,北京:中国法制出版社,1993年版。
⑥ 孙笑侠等:《法律人之治——法律职业的中国思考》,北京:中国政法大学出版社,2005年版,第53页。

行为，给予当事人以合理预期，使社会正义得到实现，并最终得到人们的普遍认可，法治的安定性和权威性也就此得以呈现。另外，必要的法律程序还可以保证决策的民主化、结果的合理性、社会价值的高效性。如罗尔斯举出的"切蛋糕"事例，就很好地说明了程序的公平和效率的价值：一个人受托为别人切蛋糕，如何来保证蛋糕切得同样大小并公平分配？一是事先确定切糕人最先领取一块时，他能进行的选择：如果自私，就会切得大；如果谦让，就会切得小。二是让他最后领取一块或者不知道按什么顺序领取，他会有哪些打算：这样，无论他是自私还是高尚，都会把蛋糕切得均匀。①

总之，具有独立特性的程序性权利，是通过其工具性价值与社会的法律关系紧密相连的。程序性权利的工具性不仅可以创制出相应的实体性权利并保障实体性权利的实现，而且还可以维护社会法治的安定性和权威性，同时，还能保证决策的民主化、结果的合理性以及社会价值的高效性。

三、程序性权利的功能

第一，制约机制。法治与人治的本质存在不同。人治社会不注重形式理性制度对国家机关权力的制约，而法治精神则要求人权得到保障，国家机关的权力受到监督和制约。正如有学者所写，法律必须遵循三项原则：一是人权和人类尊严应该得到保障；二是国家权力必须得到控制；三是司法独立和律师自由必须得到保证。②

法定程序是制约国家权力机关的方式之一，正如阿沃瑞在《贝勒斯上诉案判决书》中所述，"正义要以看得见的方式实现"，③这里所描述的看得见的正义即程序正义。首先，约束权力机关可以从信息公开制度入手。阳光是最好的消毒剂，一切权力的滥用都是在阴暗之处

---

① 严存生：《西方法律思想史》，北京：中国法制出版社，2012年版，第418页。
② 李龙：《宪法基础理论》，武汉：武汉大学出版社，1999年版，第198页。
③ 宋涛：《守护正义：西方司法之路》，长春：长春出版社，2016年版，第183页。

第一章　奥运会体育仲裁中程序性权利研究范围界定

秘密进行的，只有把权力的运行机制、方针、决策等信息向公众公开，接受公众的监督和评判，权力的腐败滥用才会得到很好的遏制。① 美国法学家戴维斯说："公开是专断的自然敌人，也是对抗不公正的自然盟友，在现代程序法中信息公开制度已然是正当程序的根本内容之一。舍此，权力的滥用与专断将难以得到有效遏制，人们的权利也必然不能完全得到保障。"② 在奥运会体育仲裁机制中，信息公开制度同样重要。仲裁程序的设置、仲裁员信息、仲裁裁决理由等内容都应当是让运动员知晓的内容，通过合理披露相关仲裁信息，一方面，有利于保证仲裁程序公平、公正；另一方面，也有利于运动员为仲裁活动做好充分准备，并对仲裁结果产生合理的预期。仲裁信息公开制度可以说既约束了仲裁庭的行为，又保护了运动员的程序性权利。其次，建立听证制度约束权力。孙笑侠认为，听证制度是行政程序的核心制度，其核心要义就是要求听证主持人必须听取当事人的意见，以避免权力滥用或使法治沦为人治。③ 北京市检察院原检察长敬大力指出，法治的要义就是限制权力、杜绝滥用。检察机关在规制权力的过程中，不能拘泥于传统方式，要探索新模式，如建立听证制度、进行公开审查等。④ 可见，听证制度也是检察机关制约权力的重要手段之一。另外，还有相关学者指出，听证制度的设置不仅可以保障行政相对人参与行政过程，为其保护合法权益提供便利，还能够促使行政主体保持行政行为的理性，减缓行政主体与行政相对人之间不必要的执法行为误解或者矛盾冲突，从而提高行政执法的效率。⑤

由以上分析可知，正当程序的设置可以限制权力的滥用和专断，但正当程序的内容不止于信息公开制度和听证制度，还包括监督制度、

---

① 应松年主编：《行政程序法立法研究》，北京：中国法制出版社，2001年版，第465页。
② 罗传贤：《行政程序的基本理论》，台湾：五南图书出版社，1993年版，第111页。
③ 孙笑侠等：《法律人之治——法律职业的中国思考》，北京：中国政法大学出版社，2005年版，第65页。
④ 敬大力：《检察实践论》（下），北京：中国检察出版社，2016年版，第925页。
⑤ 伊强编：《行政法学》，北京：知识产权出版社，2013年版，第168页。

司法审查等程序。在国际体育仲裁院奥运会特设仲裁分院、国际体育仲裁院反兴奋剂仲裁分院仲裁机制中，同样需要对权力进行制约，其方式除了采用信息公开制度、听证制度外，还应当完善监督机制和司法机制，提高外部机构的监督和纠正作用，从而确保国际体育仲裁院奥运会特设仲裁分院、国际体育仲裁院反兴奋剂仲裁分院仲裁庭的公平、公正运行。另外，运动参与群体的监督作用和媒体记者报道也能够在一定程度上监督制约仲裁权力。有学者认为，监督主体多元化有助于体育竞赛公平有序进行。监督主体包括赛事参加者和赛事参与者。其中，赛事参加者主要是竞技比赛的组织管理人员和运动员，赛事参与者则指赛事参加者以外的人员，如媒体、观众等其他参与群体。① 这些监督主体同样适用于对国际体育仲裁院奥运会特设仲裁分院、国际体育仲裁院反兴奋剂仲裁分院仲裁过程的监督，用以限制仲裁庭权力的滥用。公众舆论、媒体宣传既可以起到示范作用，指导仲裁庭的管理行为，也可以揭露事实，促使仲裁庭进行警惕预防。

第二，服务机制。实体性权利指向的某种权利和法律结果不会自动实现，它必须通过程序性权利的运行方能完成。② 因此，从实现当事人的实体性权利或者法律权利的角度考量，程序性权利具有服务性价值功能。当然，这也可以说是其"义务"所在。根据以上分析，程序性权利具有独立性和工具性的价值属性，那么，它的服务性功能也表现在程序的独立性和工具性这两个方面。

首先，程序性权利独立性价值的服务功能。程序性权利的独立性价值既反映程序的独立特性，也表达当事人主体对程序的价值要求。当前，正当程序设置是现代法治社会人们的普遍要求，其基本内容如前所述包括主持者中立、知情权利的实现，以及听证权利的保障等内容。当然，不同学者依据诉讼内容的不同，对最低正当程序内容的要

---

① 朱霖：《竞技赛事中运动员权利法律保护研究》，载《体育文化导刊》，2018年第2期，第80—81页。
② 王锡锌：《行政过程中相对人程序性权利研究》，载《中国法学》，2011年第4期，第78页。

第一章 奥运会体育仲裁中程序性权利研究范围界定

求也会有所区别,这里不再赘述。程序的设置也就意味着存在当事人主体的程序性权利要求。其中,程序中立就是一项重要的程序性权利,它要求程序预设、程序设置中立,以及程序裁决者中立等内容。同时,它也是正当程序中的最基本要素。① 程序的预设可以防止既得利益者在程序设置上具有倾向性,从而保护当事人利益不受恶意程序的侵害。另外,程序设置的中立和程序裁决者的中立可以保证当事人能够得到应有的尊重和平等对待。由此可知,程序性权利的独立性价值的服务作用主要体现在两个方面:一是对当事人的尊重和公平对待上;二是在程序上预防当事人权利受到侵害。

其次,程序性权利工具性价值的服务功能。实体性权利和法律权利的实现需要通过适当的程序来完成,离开程序,任何实体结果都无法实现,这反映了程序性权利的工具性服务作用。程序是过程的表达,其服务作用主要体现在时间顺序、空间要素、手段的方式和步骤等关系上。程序的完成必须按照既定的先后顺序依次完成。如刑诉案件的"第一审程序"的主要内容有庭前审查、庭前准备、法庭审判、延期和中止审理、评议和宣判等诉讼环节。② 这些程序不能任意打乱,否则程序不仅难以完成,更可能会影响实体结果的公平、公正。空间要素则是指法律行为主体及其相互之间的关系和表达方式。③ 如当事人之间的关系、法律部门之间的关系等。在不同的法律关系中,当事人在庭审过程中一般表现为相互对抗的关系。当然,在合同关系中也存在相互合作的不同情形,如真实信息的互换等内容。在法律部门之间的关系会表现为监督关系,有时也会产生排斥的局面。如国际体育仲裁院奥运会特设仲裁分院仲裁采取一次仲裁终局制度,要求避免司法机关介入。程序采用的步骤和手段在不同的法律机构之间也存在差别。例如,在证据适用的原则方面,刑事诉讼法要求进行非法证据排除,行政诉

---

① 季卫东:《法治秩序的建构》,北京:中国政法大学出版社,1999年版,第37页。
② 陈光中主编:《刑事诉讼法》,北京:北京大学出版社,2016年版,第342—343页。
③ 胡玉鸿:《法律原理与技术》,北京:中国政法大学出版社,2002年版,第255页。

讼法采用举证责任倒置原则，民事诉讼法则采用高度盖然性的原则等内容。总之，程序性权利工具性价值的服务功能是在时间顺序、空间要素、手段的方式和步骤等一系列关系的基础上展现的。

第三，保障机制。程序性权利是与实体性权利相对而言的，是基于实体性权利的存在而生成的。换言之，程序性权利的确立不只是为了自身存在或者发展的需要，更是为了保障当事人的实体性权利。当然，这必定也是当事人权利之所要求。程序性权利的保障机制有两种功能形式：一是保护性功能；二是防御性功能。

首先，程序性权利具有保护性作用，它以保护当事人的实体性权利为目的。在此过程中，既需要当事人的权利诉求申请，更需要执裁者的程序主导。其核心问题则是程序性权利这一中心环节的纽带连接。在当前法治社会，人们的权益一旦受到侵害，那么其有多种程序方式可以进行救济，如民事诉讼、行政诉讼、商事仲裁等。尽管救济路径不同，但它们在程序的形式上具有相通性，具体表现为：受理机关法定、受理程序严格、受案范围确定、程序时限清晰、审理和处理方式明确。[①] 程序是形成程序性权利的重要基础，也是当事人行使程序性权利的路径。同样，权力机关也是据此并结合当下社会和人们的需要，依据相应法律程序规定程序性权利，如当事人申请权、对法官公正的要求权（如法官回避）、对程序公正的要求权（如平等权）、知情权、辩护权、申诉权等程序性权利。程序性权利一旦确立，就为实体性权利的实现筑牢了基础。例如，当事人可以通过申请权启动法律救济程序进行维权，可以在庭审过程中通过辩护权直接捍卫自身权益，还可以经由申诉权进行上诉维权——如果当事人对处理结果不满。概言之，只有通过启动程序性权利，保护实体性权利的目标才有可能达成，这就是程序性权利的保护性作用。

其次，程序性权利具有防御性作用。程序性权利之所以具有防御

---

① 全国招标师职业资格考试辅导教材指导委员会编：《招标采购专业实务》，北京：中国计划出版社，2015年版，第366页。

性作用，是由其自身权利属性所决定的。既然程序性权利是一种法定权利，就应受到相关法律制度的保护。否则，就不能称之为权利。例如，申诉权作为一种程序性权利，就受到相关国家的法律制度保护。《列支敦士登公国宪法》第43条规定："公民的申诉权利受法律保障。对于任何受到公共机关不法行为侵害的公民的权益，公民有申诉的权利。"① 我国宪法同样对申诉权予以保护。② 程序性权利的防御性作用主要体现在以下几个方面。一是作为一种法律权利，国家权力机关有消极对待的义务，不得任意去干涉或者剥夺。如若相关权力机关对程序性权利进行故意侵犯或者忽视，就有可能导致当事人不能有效维护自身权利。二是辅以各种物质或其他条件的援助，帮助当事人实现程序性权利。如在法庭庭审辩护权上对弱势群体的法律援助。《中华人民共和国刑事诉讼法》第35条规定："犯罪嫌疑人、被告人因经济困难或者其他原因没有委托辩护人的，本人及其近亲属可以向法律援助机构提出申请。对符合法律援助条件的，法律援助机构应当指派律师为其提供辩护。犯罪嫌疑人、被告人是盲、聋、哑人，或者是尚未完全丧失辨认或者控制自己行为能力的精神病人，没有委托辩护人的，人民法院、人民检察院和公安机关应当通知法律援助机构指派律师为其提供辩护。犯罪嫌疑人、被告人可能被判处无期徒刑、死刑，没有委托辩护人的，人民法院、人民检察院和公安机关应当通知法律援助机构指派律师为其提供辩护。"③ 三是建立救济机制。程序性权利需要救济机制的捍卫。否则，设置再多的程序，公民的程序性权利依然存在遭到漠视甚至剥夺的可能。如陈瑞华在《程序性制裁理论》一书中认为，与任何法律制度的要求相同，程序法的运行也需要相应的归责措施或制度加以保护，要让违反法定程序的行为得到应有的法律制裁。

---

① 秦奥蕾：《基本权利体系研究》，济南：山东人民出版社，2009年版，第103页。
② 参见《中华人民共和国宪法》第41条，http://www.npc.gov.cn/c191/c505/201905/t20190521_263492.html。
③ 《中华人民共和国刑事诉讼法》，http://www.npc.gov.cn/npc/c2/c12435/201905/t20190521_276591.html。

否则，通过法律确定的程序性权利就会遭到任意践踏。[①] 再如，为了在高校行政管理中保护学生的程序性权利，尹晓敏在《高校管理中学生程序性权利研究》一文中提出，高校管理中应从三个方面对学生的程序性权利进行保护：一是加强学生自身的保护；二是强化外部主体的保护，主要指上级教育行政主管部门和当地具有管辖权的司法机构的保护；三是高校管理者的自律行为。[②] 王锡锌在《行政过程中相对人程序性权利研究》一文中指出，保护当事人的程序性权利可以从当事人主体的自身维护、外部机构的保护及行政机关自律三个方面加以考虑：一是当事人可以利用法律赋予的程序抵抗权进行自身权利维护；二是通过外部机构如法院等进行程序性权利的救济；三是作为程序的主持者，行政机关应对自身行为进行自律。自律的依据包括当事人的程序抵抗和法院对程序违法行为的否定。[③]

由以上分析可知，程序性权利的保障机制既有保护性作用，也有防御性作用；既可直接促进实体性权利的实现，也可避免当事人自身权利受到损害。它不仅为执法部门划定了一道不可逾越的鸿沟，同时还要求法院提供相应的物质条件等保障举措，并且针对其他机构或者主体对当事人程序性权利的侵害行为，还要求有相应的救济手段和惩治措施。

第二节 奥运会体育仲裁中程序性权利研究范围

一、程序性权利外延阐释

普遍词项的外延意指构成词项外延的对象的汇集。[④] 那么，程序性

[①] 陈瑞华：《程序性制裁理论》，北京：中国法制出版社，2017年版，第30—34页。
[②] 尹晓敏：《高校管理中学生程序性权利研究》，载《教育科学》，2005年第4期，第50页。
[③] 王锡锌：《行政过程中相对人程序性权利研究》，载《中国法学》，2001年第4期，第89页。
[④] 欧文·M.柯匹、卡尔·科恩著，张建军等译：《逻辑学导论》（第13版），北京：中国人民大学出版社，2014年版，第111页。

权利的外延就是指奥运会体育仲裁程序中包含的程序性权利内容,权利的救济机制设置多少程序也就意味着当事人享有多少的应然性权利,包括根据程序设置提出相应要求的权利、行使程序的权利或者督促程序运行的权利等。程序的设置纷繁复杂,不同类型的案件对程序的要求也不尽相同。如王锡锌在《行政过程中相对人程序性权利研究》一文中认为,程序性权利至少应该包括要求中立裁判者主持程序并作出决定的权利、被告知的权利、听证权、平等对待权、要求决定者说明理由的权利、程序抵抗权、申诉权等七种权利。① 张文显在《法理学》一书中则认为,法律的正当程序应当包括程序分化、对立面设置、程序中立、自由平等且实质的参与、理性的对话与交涉、信息的充分和对等、公开、及时和终结性等八种权利。② 韩勇在《体育处罚的正当程序研究》一文中认为,我国竞技体育纪律处罚的正当程序应当包含裁判中立、知情权和听证权等三种程序性权利。③ 也有法律人认为,正当程序基本要素主要包括裁决机关公正、行动提前通知、充分陈述意见、说明裁决的依据和理由等。④ 鉴于篇幅有限,本书仅以最基本的正当程序内容作为程序性权利外延的研究内容。

程序性权利内容具有一定的局限性,因为它需要接受程序正义理念的指引并受到正当程序内容的限制。正如美国法哲学家罗纳德·德沃金(Ronald Myles Dworkin)认为,程序性权利是行为主体的作为能力,主要表现为当事人通过行使、要求或者主张等行为方式来实现自身的实体性权利。⑤ 汪习根则认为,正义作为社会状态和社会制度的评价标准应当以自由、平等、安全和秩序等基本社会价值为指导准

---

① 王锡锌:《行政过程中相对人程序性权利研究》,载《中国法学》,2001 年第 4 期,第 80—85 页。
② 张文显:《法理学》,北京:北京大学出版社,2011 年版,第 137—140 页。
③ 韩勇:《体育处罚的正当程序研究》,载《首都体育学院学报》,2006 年第 1 期,第 70—71 页。
④ 李龙主编:《法理学》,武汉:武汉大学出版社,2011 年版,第 404—405 页。
⑤ Ronald Myles Dworkin, *A Matter of Principle*, Oxford: Harvard University Press, 1985, Chapter 3.

则。① 同样，程序正义也应以此等社会公认的评价标准为根据。因此，程序正义可以说是法律程序在人类社会的理想上达成的某种共识，它依循人类社会所追求的共同价值目标，最终表现为一种法律精神或者理念。在司法过程中，它要求任何裁决都必须经过正当程序，也即法官的执法行为须有明确的法律规定或者组织授权。② 据程序正义的概念内涵分析可知，法律的正当程序内容是特定主体依据其对正义的理解和社会的需要制定的，而符合法律精神的程序性权利则无法穷尽。由此可见，正当程序内容对应并限制了程序性权利，正当程序内容没有涉及的程序性权利将得不到执法者的遵行或者保护，而正当程序内容又受到程序制定主体的认知限制。

二、奥运会体育仲裁中程序性权利研究范围界定

在奥运会体育仲裁制度中，运动员的程序性权利受制于国际体育仲裁院奥运会特设仲裁分院仲裁规则和国际体育仲裁院反兴奋剂仲裁分院仲裁规则的制度规定。从理论上讲，运动员应当充分享有制度规定的各种程序性权利，但在实践中，奥运会体育仲裁制度却难以满足运动员的各种程序性权利要求。由于奥运会比赛的即时特性，正义的迟到必将使裁决结果处于非常尴尬的境地。于是，仲裁的速度成为纠纷解决的第一要务。如国际体育仲裁院奥运会特设仲裁分院仲裁规则第18条要求："当事人仲裁申请后，正常情况下仲裁庭必须在24小时内作出裁决。"③ 该规定凸显出国际体育仲裁院奥运会特设仲裁分院仲裁规则严格遵循"时间即正义"的基本价值理念。当然，强调速度并非唯速度至上，速度必须建立在公平正义的价值理念之上。否则，速

---

① 汪习根主编：《法律理念》，武汉：武汉大学出版社，2006年版，第42页。
② 赵旭东：《程序正义概念与标准的再认识》，载《法律科学》（西北政法学院学报），2003年第6期，第90页。
③ CAS, "Arbitration Rules for the Olympic Games", http://www.tas-cas.org/fileadmin/user_upload/CAS_Arbitration_Rules_Olympic_Games__EN_.pdf.

度就失去了其现实意义。所以,国际体育仲裁院奥运会特设仲裁分院仲裁规则和国际体育仲裁院反兴奋剂仲裁分院仲裁规则必须保障运动员最基本的程序性权利,做到既能满足仲裁效率又有利于运动员维权。为此,本书选取奥运会体育仲裁制度中至关重要的五项程序性权利进行探讨。一是申请权。申请权是运动员进行仲裁申请的资格,它的行使可以启动运动员维权,运动员申请权的受限或者缺失将导致运动员的维权不能。因此,维护运动员仲裁申请权至关重要。二是质证权。质证权是仲裁庭赋予运动员在庭审过程中对所提供的相关证据材料进行识别、质疑、辩驳的权利。[①] 通过质证权的行使,可以检验证据材料的合法、真实、相关的特性,能够判定证据材料具有的证明力和证明范畴。同时,也便于仲裁员根据查明的案件法律事实作出正确的裁判。[②] 三是辩护权。辩护权起初是源自刑法学的法律概念,后来为世界各国宪法和刑事诉讼法普遍确认为基本权利。它有广义和狭义之分。从内容上进行划分,可分为狭义辩护权和广义辩护权:狭义辩护权专指被告人针对控诉进行反驳、辩解的权利。采用的手段包括语言陈述、提供证据、进行提问和获得辩护人帮助等。广义辩护权不仅包括狭义辩护权的内容,还包括上诉、申诉、证据调查权等。[③] 本书所述辩护权是指运动员在仲裁庭上针对自身遭受的竞赛处罚或者裁决不公进行自我辩护或者由代理人辩护的权利。辩护手段包括陈述事实、提出问题或者证据、必要时请求辩护人帮助等。四是知情权。知情权是指运动员依照国际体育仲裁院奥运会特设仲裁分院仲裁规则和国际体育仲裁院反兴奋剂仲裁分院仲裁规则享有的知悉、获取各种信息的自由和权利,以及国际体育仲裁院奥运会特设仲裁分院仲裁规则和国际体育仲裁院反兴奋剂仲裁分院仲裁规则赋予该类主体的知悉、获取权力相关

---

① 尚华:《论质证》,中国政法大学博士毕业论文,2011年,第14页。
② 张军:《民事诉讼质证程序模式思考》,载《探索与争鸣》,2003年第12期,第116页。
③ 潘少华:《死刑辩护权论》,北京:中国人民公安大学出版社,2013年版,第5页。

的各种信息的自由和权利。① 知情权的行使可以推动仲裁程序顺利进行，有助于当事人预期裁决结果，以及决定是否通过上诉途径维权等。可以说，如果运动员的知情权没有得到保障，仲裁程序将难以保障公正，运动员维权也会更加难以实现。五是申诉权。申诉权是指运动员因国际体育仲裁院奥运会特设仲裁分院仲裁庭和国际体育仲裁院反兴奋剂仲裁分院仲裁庭的错误、违规裁决或者失职行为而利益受损时，有向相关司法机关寻求救济的权利。② 这是一项运动员保护自身利益不可或缺的权利，是法律保护的最后一道防线。

申请权、质证权、辩护权、知情权、申诉权这五项权利是运动员的基本程序性权利，它们环环相扣并贯穿于整个仲裁过程，缺失任何一个环节都可能导致运动员维权失败。因此，对其进行研究既有助于完善仲裁程序的正当性品质，又有利于维护运动员的实体性权利。

本章小结

实体至上论和程序至上论观点都有着深刻的社会背景和历史渊源，反映出人类社会尤其是法律界人士对法治的真知灼见，以及法治发展的深邃动力，承载着人类社会对法治社会的殷切期盼和渴望。对实体至上论和程序至上论进行理论对比分析，有利于洞察实体至上论和程序至上论各自的优点和缺陷，有利于促进当今社会法治文明建设和发展。更为重要的是，这两种理论对何者为第一性的争辩也让人们洞悉到程序性权利在法治中的重要地位和价值作用。

程序性权利和法律程序联系密切，又相互区别。首先，法律程序是程序性权利的基础。法律程序具有时空性、形式性和特定性等内在属性，并且根据不同分类标准具有不同法律程序内容，可以说，正是

---

① 汪习根、陈焱光：《论知情权》，载《法治与社会发展》，2003年第2期，第62—68页。
② 彭君、王小红：《作为基本权利的申诉权及其完善》，载《法律适用》，2013年第11期，第93页。

这些法律程序内容构建成程序性权利的基础。即程序性权利建立在法律程序之上，没有法律程序就没有相应的程序性权利。当然，该权利也只是应然性权利，能否实现还要视具体环境条件而定。其次，程序性权利和法律程序又存在差异。法律程序表达的是过程，具有客观性；程序性权利反映的是当事人的主观状态或法律规定的事实状态，体现主客观的复合特性。总之，程序性权利是以法律程序为基础，并经过法律程序的对象性发展而形成的一种复合性权利，它根源于当事人的实体性权利、程序执行人的程序性义务，以及法律程序自身的内在价值。

  程序性权利的价值表现在独立性和工具性两个方面，独立性价值和工具性价值彼此联系、不可分离。程序性权利既要表现出公平、公正、中立的独立性价值品性，还要借助程序性权利的工具性价值来发挥其社会效应。离开了工具性，独立性价值的意义就受到削弱；舍弃了独立性，工具性价值也难以取得良好的社会效应。程序性权利的功能表现为三个方面的机制作用，即制约、服务和保障。本章还对奥运会体育仲裁中程序性权利的申请权、质证权、辩护权、知情权和申诉权五个方面的具体内容进行了研究。

第二章 奥运会体育仲裁中程序性权利之制度渊源、属性及限制

奥运会体育仲裁制度是规定奥运会仲裁程序内容的制度,它的确立决定了仲裁当事人应当享有的各种程序性权利。同时,它的制度属性也展现出与其他普通仲裁制度的明显不同,其主要特征表现为:奥运会仲裁程序的司法强制性、纠纷解决的及时性、仲裁程序的相对透明性、程序性权利的裁量性等特征。本章将深入探讨程序性权利的制度渊源,指出奥运会体育仲裁制度的基本属性,并阐明该制度对程序性权利的限制缘由。

第一节 奥运会体育仲裁中程序性权利之制度渊源

一、奥运会体育仲裁之管辖赋权

众所周知,在奥运会中,体育争议案件通常是由国际体育仲裁院管辖的,但它的管控权来源并非一蹴而就,而是一个由内向外转移的漫长之旅。在1983年国际体育仲裁院成立之前,奥运会体育纠纷一直以行政管理方式组织内部进行解决。但是,随着社会的发展,奥运会运作规模日益扩大,仅凭体育行业自治管辖体育纠纷的不合时宜之处

第二章　奥运会体育仲裁中程序性权利之制度渊源、属性及限制

逐渐凸显，更为重要的是，该治理模式不能体现出体育纠纷解决应有的公平、公正。有鉴于此，时任国际奥委会主席萨马兰奇适时回应了国际体育领域的这一急迫问题，在巴登-巴登举行国际奥林匹克大会期间提议成立国际体育仲裁院，该提议得到了参会代表的一致赞同。① 正是在诉诸外部管辖的情况下，奥运会体育仲裁制度才得以渐次形成、发展、完善。自国际体育仲裁院成立至今，《奥林匹克宪章》虽经数次改版，但无一不保持了国际体育仲裁院的体育纠纷仲裁管辖权，如1995年版《奥林匹克宪章》第71条规定、② 2007年版《奥林匹克宪章》第59条规定、③ 2017年版《奥林匹克宪章》第61条规定。正是由于《奥林匹克宪章》的赋权，国际体育仲裁院才拥有了奥运会的体育争议管辖权，这就为国际体育仲裁理事会在奥运会上建立体育仲裁机构提供了法律依据。在1996年亚特兰大奥运会上，国际体育仲裁院首次设立临时体育仲裁机构，并制定了专门的国际体育仲裁院奥运会特设仲裁分院仲裁规则（现行的版本是2003年在新德里通过的国际体育仲裁院奥运会特设仲裁分院仲裁规则），以应对奥运会期间发生的体育争议，保障竞赛秩序。在此后举办的奥运会上，如盐湖城冬奥会、悉尼奥运会、雅典奥运会、都灵冬奥会、北京奥运会、伦敦奥运会、索契冬奥会、里约奥运会、平昌冬奥会等均设置了临时体育仲裁机构。当然，奥运会体育仲裁制度的形成还需要国际单项体育组织的配合以及运动员个人及团队的同意。在发展过程中，奥运会体育仲裁制度大致经历了四个阶段，即艰难初创阶段、改革发展阶段、垄断形成阶段和继续发展阶段。艰难初创阶段即国际体育仲裁院的职业道德和业务能力普遍面临信任缺失的阶段。由于其知名度较小，在国际竞技体育领域缺乏信任度，故而并没有多少体育组织把体育纠纷交给国际体育

---

① 龚飞：《国际体育仲裁院及其制度探析》，载《安阳师范学院学报》，2006年第2期，第138页。
② 黄世席：《国际体育仲裁发展探析》，载《中国体育科技》，2005年第4期，第49页。
③ International Olympic Committee, *Olympic Charter*, Switzerland, 2007.

仲裁院处理。改革发展阶段是国际体育仲裁院的信任度提升阶段。国际体育仲裁院通过自身机构的改良发展赢得了部分国际体育组织的信任，从而渐次取得了奥运会体育纠纷的管辖权。在垄断形成阶段，国际体育仲裁院取得了奥运会的绝对管辖权，并对其他国际体育赛事组织产生较为重要影响。继续发展阶段为国际体育仲裁院垄断管辖权形成后的阶段，主要内容包括反兴奋剂仲裁机构——国际体育仲裁院反兴奋剂仲裁分院的独立建成。

二、奥运会体育仲裁之制度确权

程序性权利源自仲裁程序的设置，仲裁程序的设置是程序性权利形成的基础。国际体育仲裁院奥运会特设仲裁分院和国际体育仲裁院反兴奋剂仲裁分院代表了奥运会的两类体育仲裁制度，它们的建立赋予了当事人以相应的程序性权利，即当事人的应然性权利。

在国际体育仲裁院奥运会特设仲裁分院仲裁规则中，共有23条程序规定。程序的设置也就意味着程序性权利的存在，它既表现为客观的真实存在，也反映为当事人的主观应然状态。同时，由于制度规定的模糊，还可表现为权利推定的存在。而能否成为当事人实有的程序性权利，还需要根据程序执行人的义务、当事人的主观要求，以及社会的客观条件而定。其一，程序性权利的客观性。程序设置意味着程序性权利的创设，这体现的是程序性权利的客观性。而程序预设是程序中立性、公正性的必然要求和保证。因此，为保证仲裁庭中立性、公正性，国际体育仲裁院奥运会特设仲裁分院仲裁规则第12条对仲裁员的独立性和资格作出规定："所有仲裁员必须接受过法律培训，并具备公认的体育领域专业能力。他们必须独立于各方当事人，并立即披露可能损害其独立性的任何情形。""任何国际体育仲裁院仲裁员均不

第二章 奥运会体育仲裁中程序性权利之制度渊源、属性及限制

得在特设仲裁分院担任某一方当事人或其他利害关系人的代理人。"① 其二,程序性权利的主观性。程序设置仅仅表明该程序具有权利的应然性,而不是必然性,但它为当事人提供了行使、要求和催促的法律依据。因此,要实现当事人的程序性权利,还需要当事人的主张。如国际体育仲裁院奥运会特设仲裁分院仲裁规则第13条规定:"仲裁员必须自行主动回避,若未自行回避,当存在可能对其独立性产生合理怀疑的情形时,一方当事人可对该仲裁员提出异议。特设仲裁分院院长有权受理当事人提出的任何异议。在情况允许的范围内,院长应在给予当事人及相关仲裁员陈述意见的机会后,立即对该异议作出决定。任何异议均须在知晓异议理由后尽快提出。"② 可见,回避请求权是当事人的主观请求权。其三,程序性权利的推定性。在国际体育仲裁院奥运会特设仲裁分院仲裁规则中,申请权、质证权、辩护权、上诉权等程序性权利并没有明确的法律规定,只能从相关的制度条款中推导出来,故此,程序性权利的存在具有推定性。在仲裁实践中,运动员可以根据有关体育纠纷向国际体育仲裁院奥运会特设仲裁分院仲裁庭申请仲裁,以维护自身权益,必要时也可向外部司法机构上诉维权。

国际体育仲裁院反兴奋剂仲裁分院仲裁规则共有26项。③ 其同样表现为客观的程序性权利、主观的程序性权利、推定的程序性权利,当事人可以依据程序规定要求相应的程序性权利。当然,当事人也有放弃某项程序要求的权利。不同于国际体育仲裁院奥运会特设仲裁分院仲裁规则的是,反兴奋剂仲裁分院设置了听证制度,以更有助于当事人行使仲裁制度赋予的程序性权利。

概言之,当事人的程序性权利源自国际体育仲裁院奥运会特设仲

---

① CAS,"Arbitration Rules Applicable to the CAS ad hoc Division for the Olympic Games",https://www.tas-cas.org/en/arbitration/ad-hoc-division.html.
② 同①。
③ CAS,"Arbitration Rules-CAS Anti-Doping Division",https://www.tas-cas.org/en/arbitration/cas-anti-doping-division.html.

裁分院和国际体育仲裁院反兴奋剂仲裁分院的制度确权，并且需要以当事人的主张、行使、要求等方式来实现。当然，程序性权利能否实现还与仲裁庭的程序执行义务、当事人的权利主张，以及社会条件的完备程度等有关。

三、奥运会体育仲裁之适用法律

适用法律是奥运会体育仲裁制度中的程序内容之一，也是仲裁庭的权力和职责所在。由于适用的法律通常是相关的实体性规定，不仅会涉及当事人的实体性权利，还关联当事人在仲裁过程中享有的知情权、辩护权、申诉权等程序性权利。鉴于法律适用程序的特殊性，故而单列一节进行理论阐述。

国际体育仲裁院奥运会特设仲裁分院仲裁规则第17条规定："仲裁庭应依据《奥林匹克宪章》、可适用的规章、一般法律原则和法律规则对争议作出裁决。"[1] 故而首先，《奥林匹克宪章》是奥运会仲裁裁决的法律依据之一。国际奥委会的处罚措施主要见于《奥林匹克宪章》第59条的具体规定，涉及兴奋剂案件的管理、各国际单项体育联合会的制裁、国家奥委会的处置，以及运动员和运动队的处罚等相关内容。例如，第59条第2.1项规定："关于个人参赛者和团队：临时或永久无资格参赛或被禁止参加奥运会、取消参赛资格或撤销注册资格；若被取消资格或禁止参赛，其因违反《奥林匹克宪章》行为所获得的奖牌和证书须交还给国际奥委会。此外，国际奥委会执行委员会可酌情决定，参赛者或团队可能丧失其在被取消资格或禁止参赛的奥运会其他项目中获得的任何排名权益；在此情况下，其获得的奖牌和证书亦须交还给国际奥委会（执行委员会）。"[2] 其次，可适用规章是解决体育纠纷的主要法律依据，它们主要是指各国际单项体育联合会的具体

---

[1] CAS,"Arbitration Rules Applicable to the CAS ad hoc Division for the Olympic Games",https://www.tas-cas.org/en/arbitration/ad-hoc-division.html.

[2] International Olympic Committee, *Olympic Charter*, Switzerland, 2007.

规范章程，违反规章规定会受到来自相应体育联合会的制裁。如《国际足联纪律守则》第二章第58条规定："任何人因涉及种族、肤色、语言、宗教或出身的轻蔑、歧视或诋毁性言行而侵犯他人或群体的尊严，应至少被禁赛五场。此外，还应实施体育场禁令，并处以至少两万瑞士法郎的罚款。若违规者是官员，罚款金额应至少为三万瑞士法郎。"① 最后，一般法律原则和法律规则起到补充作用。如诚信原则在当事人体育合同法中的适用、刑事法律对体育犯罪行为的规范作用等内容，它们的适用对体育事业的发展起到一定辅助作用。

国际体育仲裁院反兴奋剂仲裁分院仲裁规则第A20条对法律适用作出规定，该规定指出："仲裁庭应根据适用的替代性争议解决规则、当事人协议选择的特定法域法律裁决争议；若当事人未作选择，则根据瑞士法律裁决。"② 由此可知，《世界反兴奋剂条例》和反兴奋剂规则是兴奋剂争议裁决的主要法律依据。同时，当事人也可以协商使用其他法律，最后才是瑞士法律。在兴奋剂争议案件中，运动员通常是被处罚对象，法律的适用内容决定了对运动员的处罚范围和程度，严格责任原则的遵循也说明了兴奋剂争议案件处罚的严苛性。故此，明确兴奋剂争议案件的法律适用、通晓仲裁规则的详细内容，对于运动员维权十分重要。

鉴于案情适用法律的重要性和敏感性，法律的适用是运动员知情权的内容范围之一。在法律适用过程中，知情权内容范围应当包括法律依据、裁决结果、裁决理由。保障知情权可以起到以下作用：一是了解案件相关法律知识；二是明确罚责是否相当；三是促进裁决的适时抗辩；四是决定是否申诉维权。可以说，在案情适用法律过程中，可以激发运动员进行程序性权利的主张、行使和维护，从而保护自身的实体性权利。

---

① FIFA, *FIFA Disciplinary Code*, Switzerland, 2017.
② CAS, "Arbitration Rules-CAS Anti-Doping Division", https://www.tas-cas.org/en/arbitration/cas-anti-doping-division.html.

综上所述，奥运会体育仲裁中的程序性权利发端于国际奥委会的管辖赋权，体现于奥运会体育仲裁的制度确权，实现于奥运会体育仲裁程序的推进过程，而案情适用法律是推动运动员实现程序性权利的一个关键点。

第二节 奥运会体育仲裁中程序性权利之制度属性

奥运会体育仲裁制度主要为程序性制度，目的是通过体育仲裁及时解决奥运会期间的各项体育纠纷，其属性特点主要表现为程序强制性、及时性、相对透明性、自由裁量性等特点。

一、程序强制性

基于竞技体育比赛的即时性及竞赛时间的有限性，奥运会需要一个机动、快速、灵活的管理机构来解决体育纠纷，而具有这些特点的机构必须拥有相应的强制性权力，否则，该机构就难以胜此重任。有学者认为，国际体育仲裁院仲裁管理的强制性需要具备两个条件：一是垄断地位的形成；二是权力垄断者提供的格式化条款。[1] 这两个条件国际体育仲裁院目前均已具备。国际奥委会制定《奥林匹克宪章》，赋予国际体育仲裁院管辖权，各大赛事组织和运动员签署协议，服从国际体育仲裁院的管辖，这些为国际体育仲裁院的垄断管辖奠定了基础。在国际体育仲裁院获得管辖权力的基础上，国际体育仲裁理事会得以在奥运会的举办国建立临时体育仲裁机构——国际体育仲裁院奥运会特设仲裁分院和国际体育仲裁院反兴奋剂仲裁分院，以便于解决奥运会期间的任何体育纠纷。

强制性是仲裁程序推进的外在动力，它建立在权力的基础之上。有关研究指出，国际体育仲裁院奥运会特设仲裁分院仲裁庭有独立仲

---

[1] 刘想树主编：《国际体育仲裁制度》，北京：法律出版社，2010年版，第421页。

第二章 奥运会体育仲裁中程序性权利之制度渊源、属性及限制

裁权、自裁管辖权、程序管理权三种权力。其中,独立仲裁权意指独立作出裁决的权力,目的是排除外界干扰,这也是国际体育仲裁院奥运会特设仲裁分院仲裁庭的最高权力需要;自裁管辖权主要是避免司法机关的不当干扰,它是独立仲裁权的保障;程序管理权则是仲裁程序推动的有力保障。① 作为反兴奋剂仲裁机构,国际体育仲裁院反兴奋剂仲裁分院仲裁庭同样也必须拥有这三种权力。其具体内容如下:首先,独立仲裁权是正当程序的内容要求,是公正裁决的制度保证,它要求对事实和法律进行独立判断并作出相应裁决,从而确保当事人权利。为此,国际体育仲裁院奥运会特设仲裁分院仲裁规则第12条规定:"所有仲裁员必须接受过法律培训,并具备公认的体育领域专业能力。他们必须独立于各方当事人,并立即披露可能损害其独立性的任何情形。"② 即便是国际体育仲裁院奥运会特设仲裁分院院长审查裁决书,也不得干涉仲裁员的自由裁量权。这就为仲裁员进行独立、公正执裁提供了有利条件。同样,国际体育仲裁院反兴奋剂仲裁分院仲裁规则第A8条也明确规定:"每名仲裁员均应保持公正且独立于各方当事人,并应立即披露任何可能影响其针对任何一方当事人独立性的现有或后续情形。"③ 其次,自裁管辖权是一种自治性权力。权力自治可以避免外部机构的无端干涉,尤其是司法机构的干涉。自裁管辖权可以保障仲裁庭的独立地位。国际体育仲裁院奥运会特设仲裁分院仲裁规则第20条规定:"仲裁庭应综合考虑案件的所有情况,包括申请人的救济请求、争议的性质和复杂程度、解决争议的紧迫性、所需证据的范围及待解决的法律问题、当事人的陈述权,以及临时仲裁程序结束时的案卷状况,决定作出终局裁决,或根据《与体育有关仲裁法典》

---

① 黄晖:《论国际体育仲裁庭之权限——特别以CAS奥运会特设仲裁为例》,载《武汉体育学院学报》,2011年第12期,第38—44页。
② CAS, "Arbitration Rules for the Olympic Games", http://www.tas-cas.org/fileadmin/user_upload/CAS_Arbitration_Rules_Olympic_Games__EN_.pdf.
③ CAS, "Arbitration Rules-CAS Anti-Doping Division", https://www.tas-cas.org/en/arbitration/cas-anti-doping-division.html.

将争议移送国际体育仲裁院仲裁。仲裁庭也可就部分争议作出裁决，并将未解决的部分移送国际体育仲裁院常规程序处理。"国际体育仲裁院奥运会特设仲裁分院仲裁规则赋予了国际体育仲裁院奥运会特设仲裁分院仲裁庭自裁管辖权，排除了外部机构的干涉。国际体育仲裁院反兴奋剂仲裁分院仲裁规则同样排斥司法机构的介入，其第 A2 条规定："当涉嫌违反反兴奋剂规则的案件提交至国际体育仲裁院反兴奋剂仲裁分院时，该分院作为一审机构负责开展程序并作出裁决，并对认定存在反兴奋剂规则违规的情形施加任何相应制裁。国际体育仲裁院反兴奋剂仲裁分院有权代表任何已正式将反兴奋剂程序及施加适用制裁的权力委托给该分院的《世界反兴奋剂条例》签署方，以一审机构身份就相关案件作出裁决。"同时，该制度第 A15 条规定，当事人同意由三人仲裁庭审理时，仲裁裁决采用一次仲裁终局制度，即对司法系统介入的默认排斥。然而，即便当事人选择的是独任仲裁庭，在不服仲裁裁决时也有权上诉至国际体育仲裁院上诉仲裁庭，但其结果也只能是二次仲裁终局，制度仍然否定司法机构介入。程序管辖权包括程序策划权和程序推进权。[①] 通过程序策划可以保证仲裁有序推进，提高仲裁速度和效率。在奥运会体育仲裁制度中，国际体育仲裁院奥运会特设仲裁分院仲裁庭的仲裁程序一般包括缺乏管辖权的抗辩、程序、开庭、其他措施、缺席等五个部分。程序推进权是仲裁庭保证仲裁程序展开的权力。仲裁庭遇到的阻力一般是指当事人在仲裁程序上的不配合和滥用程序，或者司法机构的不当干扰。为了保证仲裁程序的顺利推进，在证据措施上，国际体育仲裁院奥运会特设仲裁分院仲裁规则第 15 条规定："仲裁小组可随时采取任何与证据相关的适当行动。具体而言，其可指定专家，命令提交文件、信息或任何其他证据，亦可自行决定是否采纳或排除各方提供的证据，并评估证据的证明力。

[①] 黄晖：《论国际体育仲裁庭之权限——特别以 CAS 奥运会特设仲裁为例》，载《武汉体育学院学报》，2011 年第 12 期，第 42 页。

第二章 奥运会体育仲裁中程序性权利之制度渊源、属性及限制

仲裁小组应将相关决定及时告知各方当事人。"① 在缺席问题上，国际体育仲裁院奥运会特设仲裁分院仲裁规则第 15 条规定："若任何一方未出席听证会，或未遵守仲裁小组发出的禁令、传票或其他通知，仲裁小组仍可继续审理程序。"② 国际体育仲裁院反兴奋剂仲裁分院仲裁庭的庭审程序则包括书面申请、申请完成、听证会（如设置）、证据程序、紧急程序、违约、案情适用法律、裁决等程序内容。该程序与国际体育仲裁院奥运会特设仲裁分院仲裁程序的主要区别在于增加了听证会这一重要程序内容，使其更加有助于约束仲裁庭的行为，更加有利于保护当事人的程序性权利及实体性权利。

总之，国际体育仲裁院奥运会特设仲裁分院仲裁庭的强制性是其仲裁程序推进的动力，独立仲裁权、自裁管辖权、程序管辖权是其强制性的三种表现形式。国际体育仲裁院奥运会特设仲裁分院仲裁庭强大的仲裁程序执行力能使体育纠纷得以在有限的时间内解决，最起码在形式上得到了解决。如果国际体育仲裁院奥运会特设仲裁分院仲裁庭缺乏强制性权力，奥运会期间的体育纠纷将很难得到有效解决，至少目前是这样。因为目前还没有其他更为成熟的机构能够管控奥运会期间的体育纠纷。国际体育仲裁院反兴奋剂仲裁分院仲裁庭同样具有强制管辖权，体现在独立仲裁权、自裁管辖权、程序推进权三个方面。国际体育仲裁院反兴奋剂仲裁分院仲裁规则第 A1 条指出，该仲裁分院系根据国际奥委会、奥林匹克国际单项体育联合会及《世界反兴奋剂条例》其他签署方的授权设立的一审机构，负责审理和裁决反兴奋剂案件。③ 这赋予了国际体育仲裁院反兴奋剂仲裁分院仲裁庭关于兴奋剂纠纷的独立仲裁权、自裁管辖权和程序推进权。国际体育仲裁院奥运会特设仲裁分院和国际体育仲裁院反兴奋剂仲裁分院的区别表现在以

---

① CAS, "Arbitration Rules Applicable to the CAS ad hoc Division for the Olympic Games", https://www.tas-cas.org/en/arbitration/ad-hoc-division.html.
② 同①。
③ CAS, "Arbitration Rules-CAS Anti-Doping Division", https://www.tas-cas.org/en/arbitration/cas-anti-doping-division.html.

下几点。第一，在程序推进权上，国际体育仲裁院反兴奋剂仲裁分院赋予了当事人更多的自我选择的权利，如仲裁员、首席仲裁员和仲裁形式的选择等程序内容。第二，设立听证制度，更好地体现出国际体育仲裁院反兴奋剂仲裁分院仲裁程序的公平、公正、公开原则，更加便于维护当事人权益。第三，国际体育仲裁院反兴奋剂仲裁分院仲裁规则更加严谨细致。如果采用三人仲裁庭，仲裁程序将适用一次仲裁终局制度。如果采用独任仲裁庭，那么对仲裁裁决结果不服还可上诉至国际体育仲裁院上诉仲裁庭。

二、程序及时性

能否快速化解矛盾纠纷是保障竞赛秩序稳定有序的关键。当前，奥运会中的国际体育仲裁院奥运会特设仲裁分院、国际体育仲裁院反兴奋剂仲裁分院担当起定纷止争的重任。

第一，国际体育仲裁院奥运会特设仲裁分院是快速解决奥运会体育纠纷的典范。首先，《奥林匹克宪章》第61条赋予国际体育仲裁院强制管辖权，禁止其他机构随意干涉，避免了体育纠纷解决机构的不确定性，从而确保了体育纠纷解决的速度和效率。其次，为了确保体育争端能够及时解决，国际体育仲裁院奥运会特设仲裁分院仲裁规则又作出了一系列针对性的程序规定。一是大量简化仲裁程序。国际体育仲裁院奥运会特设仲裁分院仲裁规则第11条规定："国际体育仲裁院奥运会特设仲裁分院院长可以选定三名仲裁员组建仲裁庭，并指定首席仲裁员。在特定情形下，可自行裁量任命一名独任仲裁员。"国际体育仲裁院奥运会特设仲裁分院仲裁规则第15条对程序安排的规定则更为简化："仲裁庭应根据案件的具体需求和情形、当事人的利益（尤其是其质证权），以及本临时仲裁程序特有的速度和效率要求，自行决定适当的程序安排。"二是严格控制仲裁时间。国际体育仲裁院奥运会特设仲裁分院仲裁规则通过限制时间，达到维护竞技比赛时间正义之目的，即避免迟到正义情况的出现。例如，国际体育仲裁院奥运会特

第二章　奥运会体育仲裁中程序性权利之制度渊源、属性及限制

设仲裁分院仲裁规则第 18 条规定,仲裁庭应在当事人提交仲裁申请后 24 小时内作出裁决。在特殊情况下,若因情形需要,临时仲裁分院院长可延长此时限。①

第二,国际体育仲裁院反兴奋剂仲裁分院解决兴奋剂案件体现以理服人。竞技赛场上的兴奋剂案件与其他体育赛事纠纷的产生过程和解决途径存在差别,对问题解决的及时性要求也有所不同。首先,处罚适用原则不同。赛场体育纠纷是当场纠纷,处罚方式以过错责任原则为主,鉴于体育运动项目的不同,会兼顾其他一些原则,如比例原则等。而违反兴奋剂使用规定采用的则是严格责任原则,主客观条件不会影响赛事组织对运动员的临场停赛、禁赛等处罚。其次,争议解决结果不同。国际体育仲裁院奥运会特设仲裁分院仲裁庭可以通过审查客观事实,以及适用法律情况来纠正判罚结果,恢复运动员的赛场权利或者利益。然而,一旦奥运会兴奋剂检测中心发现运动员服用兴奋剂就会取消其参赛资格、比赛成绩(如果参赛),并且运动员还会受到相应赛事组织的严厉纪律处罚。为确保赛事公平,国际体育仲裁院反兴奋剂仲裁分院仲裁庭采取兴奋剂处罚的严格责任原则,但也会在运动员无过错使用兴奋剂的情况下,降低对运动员的处罚力度,如缩短禁赛期等。因此,国际体育仲裁院反兴奋剂仲裁分院仲裁庭问题解决的及时性体现在给予运动员一个合理的处罚解释,从而保障运动员各项程序性权利。

综上所述,国际体育仲裁院奥运会特设仲裁分院仲裁庭通过保持仲裁管辖权的垄断,压缩仲裁程序,并尽可能缩短仲裁时间,来保障仲裁裁决的高效性,实现了竞技体育的"时间即正义"的目的,同时,也维护了竞技比赛的秩序。在此过程中,仲裁程序压缩和时间严格控制是确保体育纠纷解决及时性的关键手段。国际体育仲裁院反兴奋剂仲裁分院仲裁庭解决问题的及时性则在于说理,通过听证会及时化解

---

① CAS, "Arbitration Rules for the Olympic Games", http://www.tas-cas.org/fileadmin/user_upload/CAS_Arbitration_Rules_Olympic_Games__EN_.pdf.

运动员的疑问,以保护运动员的相关权益。

三、程序相对透明性

基于对当事人的隐私、荣誉、尊严等不同情状的维护,仲裁审理通常以私密的方式进行,这也是学者们通常认为的仲裁所具有的一种优势。仲裁的私密性在于为双方当事人创造一个相对封闭的环境,避免外界如第三人、记者、公众等的接触和干扰,从而保证仲裁在一个平心静气的环境氛围中高效率地进行。[①] 然而,在仲裁的保密性上,国际社会并没有形成统一的做法。例如,美国、日本、瑞士、英格兰等国在采用《联合国国际贸易法委员会示范法》时均没有规定仲裁的保密问题。而西班牙和新西兰却规定了仲裁程序的保密性款项。[②] 虽然仲裁的保密性有对双方当事人有利的一面,但也存在一些弊端,一方面,它无法让公众获悉案件的仲裁结果并对仲裁的公正性进行监督;另一方面,裁决缺少监督会存在审判公正性难以保障的情况。鉴于此,为了保障公众利益和裁决的公正性,仲裁公开就有一定必要。一些具有特殊性的问题除外,如涉外国家机密、商业秘密、协议保密、个人隐私等的问题。公开包括审理公开和裁决结果公开。审理公开允许记者采访和公众旁听,可以达到避免仲裁庭恣意滥权、维护当事人权利的目的;裁决结果公开指向社会公众宣布裁决结果。有学者指出,既定裁决的公开、透明不仅是抑制权力滥用的手段,也是提炼优良裁决、生成和实现裁决法理的路径之一。[③]

国际体育仲裁院奥运会特设仲裁分院仲裁庭的程序公开透明,在某些层面既有明示的规定,也有默示的认同。首先,国际体育仲裁院奥运会特设仲裁分院仲裁庭以开庭的方式审理案件。在庭审过程中,

---

[①] 加里·B.博恩著,白麟、陈福勇、李汀洁等译:《国际仲裁:法律与实践》,北京:商务印书馆,2015年版,第261页。

[②] 同①,第262页。

[③] 丁夏:《国际投资仲裁中裁判法律研究》,北京:中国政法大学出版社,2016年版,第253页。

第二章 奥运会体育仲裁中程序性权利之制度渊源、属性及限制

国际体育仲裁院奥运会特设仲裁分院仲裁庭可以咨询专家、合并仲裁、提取证据，以及传唤应该听证的证人等。由于各种人群的介入，案情的保密性在某种程度上受到削弱。其次，国际体育仲裁院奥运会特设仲裁分院仲裁规则第19条规定，应对仲裁裁决的结论部分进行通报，通报对象不仅包括仲裁当事人，还包括相关国家奥委会。而通报仲裁结果自然体现了裁决的透明性。最后，国际体育仲裁院奥运会特设仲裁分院仲裁庭无法裁决的有关体育纠纷，可以移交给国际体育仲裁院仲裁庭审理，国际体育仲裁院仲裁庭的仲裁结果也会对外公开。《与体育有关仲裁法典》第59条规定："除非双方同意保密，否则国际体育仲裁院应公开载有程序结果的裁决、摘要和/或新闻稿。"① 但事实上，有关仲裁裁决已被国际体育仲裁院系统出版，如1986—2003年的仲裁裁决。② 由此可见，国际体育仲裁院奥运会特设仲裁分院仲裁庭在裁决的过程中表现出了一定的公开性和相对的透明度。尽管这样会使案件的保密性受到一定程度的削弱，但是，在一定程度上可以满足公众的知情权，有利于更好地维护大众利益，同时，也有助于提升仲裁员的技术能力，维护仲裁员自身的公正形象，以及约束仲裁庭的行为等。

国际体育仲裁院反兴奋剂仲裁分院仲裁庭的庭审程序同样具有一定程度的公开性。首先，仲裁结果的公开在一定程度上体现了透明度。国际体育仲裁院反兴奋剂仲裁分院仲裁规则第A21条规定："若裁决涉及任何处罚，国际体育仲裁院应在最终裁决生效且具有约束力后，公开裁决全文、案件摘要及/或载明程序结果的新闻稿。然而，若裁决尚未生效，经一方当事人申请，国际体育仲裁院反兴奋剂分院可披露案件记录中的某些内容，以便复审法院或法庭理解裁决的事实依据。除

---

① CAS, "Code of Sports-Related Arbitration", https://www.tas-cas.org/fileadmin/user_upload/CAS_Code_2019__EN_.pdf.
② 黄晖：《体育仲裁先例论——CAS仲裁经验的中国化》，载《武汉体育学院学报》，2014年第2期，第31页。

此以外，案件记录的其他所有内容均应保密。"① 仲裁结果的公开也就意味着程序的相应公开，那么，裁决结果的各种公布形式在某种程度上也体现了仲裁程序的透明度。其次，听证会的举行降低了仲裁程序的保密性。尽管国际体育仲裁院反兴奋剂仲裁分院仲裁规则第A19.3条规定："听证会应以非公开的形式进行，除非各方另有约定。"但由于听证会涉及证人、专家等相关利益群体，各种人群的参与和介入降低了仲裁程序的保密性。

综上分析，国际体育仲裁院奥运会特设仲裁分院、国际体育仲裁院反兴奋剂仲裁分院仲裁程序具有较大的灵活性、方便性和快捷性。尽管这两种仲裁程序在理论上要求以非公开为原则，以公开为例外，以保护运动员的个人隐私。但在实际操作过程中，公开性成为仲裁程序的明显特征，表现出仲裁程序的公平公正，最终要达成的目的是仲裁结果的可接受性。

四、程序裁量性

奥运会体育仲裁制度呈现出明显的程序裁量性，其原因主要有两个方面。

一是制度缺失性。制度缺失性是指程序性权利的规定存在制度上的缺失，以及程序性权利的保障缺乏相应的制度规定等情形。第一，程序性权利的规定存在制度缺失性。运动员是否拥有某项程序性权利，需要通过制度的相关规定内容进行推定。例如，申请权的推定。国际体育仲裁院反兴奋剂仲裁分院仲裁规则第A1条规定："国际体育仲裁院反兴奋剂仲裁分院系根据国际奥委会、奥林匹克国际单项体育联合会及《世界反兴奋剂条例》其他签署方的授权设立的一审机构，负责

---

① CAS,"Arbitration Rules-CAS Anti-Doping Division",https://www.tas-cas.org/en/arbitration/cas-anti-doping-division.html.

第二章　奥运会体育仲裁中程序性权利之制度渊源、属性及限制

审理和裁决反兴奋剂案件。"① 据此可知，在产生兴奋剂争议问题时，运动员拥有依照规定向国际体育仲裁院反兴奋剂仲裁分院进行申请仲裁维权的权利。国际体育仲裁院奥运会特设仲裁分院仲裁规则中也有关于申请权的类似规定。再如，运动员享有知情权。国际体育仲裁院反兴奋剂仲裁分院仲裁规则第 A6 条规定："国际体育仲裁院反兴奋剂仲裁分院或仲裁庭拟向各方发出的所有通知和函件，均应通过国际体育仲裁院反兴奋剂仲裁分院办公室进行。通知和函件应发送至仲裁请求书中注明的地址，或发送至各方后续指定的其他地址。"② 据此可知，运动员享有仲裁信息的知情权。然而，质证权、辩护权和申诉权在奥运会相关仲裁制度中却存在制度规定的缺失性。

第二，程序性权利的保障存在制度缺失性。本书所研究的申请权、质证权、辩护权、知情权、申诉权等五种程序性权利缺乏明确、适当的救济路径。当然，无论是国际体育仲裁院奥运会特设仲裁分院仲裁制度，还是国际体育仲裁院反兴奋剂仲裁分院仲裁制度，理论上均认可保障运动员的各种程序性权利，但是在实践中，这并不能确保运动员的程序性权利能够得到可靠保障。首先，权利的救济需要有相应的法律依据，而程序性权利救济规定存在缺失则让该权利的救济陷入困境。其次，程序性权利的救济缺乏相应的救济路径。国际体育仲裁院奥运会特设仲裁分院仲裁规定采用一次仲裁终局制度，程序性权利难以得到救济。最后，尽管国际体育仲裁院反兴奋剂仲裁分院仲裁制度设有二次仲裁制度规定，但同样不涉及程序性权利的救济。《与体育有关仲裁法典》第 48 条以列举的形式陈述了实体问题，不涉及程序。③ 故而，如果运动员程序性权利受到侵犯，那么他们很难在奥运会体育仲裁机制中得到救济。

---

① CAS,"Arbitration Rules-CAS Anti-Doping Division", https://www.tas-cas.org/en/arbitration/cas-anti-doping-division.html.
② 同①。
③ CAS,"Code of Sports-Related Arbitration", https://www.tas-cas.org/fileadmin/user_upload/CAS_Code_2019__EN_.pdf.

综上所述，运动员的程序性权利不仅存在制度规定的缺失性，也存在救济路径上的缺失性，因此，运动员程序性权利的救济便处于上诉机构的裁量中。

二是制度模糊性。制度模糊性是指奥运会体育仲裁制度中对运动员程序性权利内容的相关制度规定模棱两可，在操作执行时具有裁量性特征。仲裁制度的相关规定是运动员行使程序性权利的法律基础，制度规定的模糊性不利于运动员有效行使该权利。

第一，程序性权利行使的制度规定具有模糊性。尽管程序性权利没有具体明确的制度规定，但可以从相关的法条中推导出相应程序性权利的存在。但是，如何行使该类权利，仲裁制度没有明确说明。譬如，质证权的行使。在该程序性权利的行使过程中，质证时间如何限制，质证内容如何规定，质证形式又由何把控，这些要素均不得而知。换言之，运动员的质证权行使存在于仲裁庭的自由裁量中。在国际体育仲裁院奥运会特设仲裁分院仲裁制度中，仲裁庭常常是以书面形式审理案件，即便是询问，也基本采用纠问方式，这意味着当事人没有充分质证、辩护的权利发挥空间。由此可见，在国际体育仲裁院奥运会特设仲裁分院仲裁庭享有较大自由裁量权空间的情况下，运动员的知情权、质证权、辩护权等程序性权利难以真正得到有效保障。在国际体育仲裁院反兴奋剂仲裁分院仲裁规则中，虽然设置了听证会制度，但是，其在具体权利制度保障上的模糊性依然使仲裁庭拥有自由裁量的空间，这在某种程度上导致运动员的各种程序性权利难以得到有效保障。加之，为了配合竞技体育比赛的"即时性"及"时限性"要求，运动员的程序性权利受到侵犯也成为可能。

第二，奥运会体育仲裁制度规定的裁量性。制度规定的裁量性直接导致程序性权利的行使具有不确定性。因为在仲裁制度存在裁量空间的情况下，如何行使相应的程序性权利就会受制于仲裁庭的法律解释或者说自由裁量，而不是取决于当事人的认识和理解。一个明显的例子就是国际体育仲裁院奥运会特设仲裁分院仲裁制度第19条明确规定,"仲裁裁决原则上要简要陈述理由",该规定直接赋予了仲裁庭以裁量空间,即意味着仲裁裁决可以没有裁决理由。奥运会体育仲裁制度的裁量性给运动员程序性权利的保障增加了困难。

总之,在奥运会体育仲裁制度中,程序性权利存在的制度缺失性和制度模糊性,共同导致了程序性权利保障或救济过程中的自由裁量性。权利规定缺失、救济路径缺失、制度规定模糊等因素都是运动员程序性权利保障具有不确定性的重要原因。

第三节 奥运会体育仲裁中程序性权利保障之制度限制

如前所述,奥运会体育仲裁程序的强制性、及时性、相对透明性等制度属性对运动员程序性权利的实现具有一定的助益。尽管如此,但该仲裁制度依然存在不完善之处,尤其是该仲裁制度的程序强制性和自由裁量性特征,它们是运动员程序性权利保护的障碍。因此,厘清该问题是维护运动员程序性权利的关键要点。

一、程序强制的抑制性

奥运会体育仲裁中仲裁程序的推动表现为强制性,这在一定程度上会抑制运动员程序性权利的实现。在管辖权上,《奥林匹克宪章》第61条直接赋予国际体育仲裁院奥运会特设仲裁分院仲裁管辖权,管理奥运会期间及前十天的任何体育争议;在仲裁庭的组成上,国际体育仲裁院奥运会特设仲裁分院仲裁规则规定,由国际体育仲裁院奥运会特设仲裁分院院长决定仲裁庭人员组成,包括指定首席仲裁员和独任仲裁庭仲裁员;在仲裁时限上,要求24小时内完成裁决,如要延时,须由国际体育仲裁院奥运会特设仲裁分院院长视情况决定。以上列举的仲裁规则皆系为解决奥运会体育争端而精心打造,体现出鲜明的强制性特色,一些学者称之为仲裁机制的司法性。尽管学术界普遍认为奥运会体育仲裁管理属于体育行业自治管理,但该仲裁机制管理方式在某种程度上已突破了普通仲裁程序的"意思自治原则",凸显的是司法管理的强制性,其中,国际体育仲裁院奥运会特设仲裁分院仲裁规则尤甚。然而,普通仲裁程序的组建通常是根据仲裁当事人的要求而形成的。此外,仲裁庭的管辖、仲裁规则的适用以及仲裁员的选择均是双方当事人合意选择的结果。① 可见,奥运会体育仲裁程序并不能完全体现当事人的意思自治。鉴于奥运会体育仲裁程序和商业仲裁程序的服务领域不同,争议内容有异,所以,处理方式也有所不同。仲裁程序的强制性也是因应奥运会的专门需要而为之,目的就是满足竞技体育运动的即时性和竞赛时间的有限性。有了仲裁程序推动的强制性权力,在仲裁过程中就可以形成需要的仲裁程序、有效提高仲裁裁决的速度,并且在一定程度上能够保证程序正义的实现等。于是,有学者认为,仲裁机制的强制性有两个优点:一是仲裁程序能够体现公正性。仲裁程序和裁决的公开透明可以保证仲裁程序公正。如有必要,可以召开听证会接受更多的公众监督。二是仲裁程序具有相对稳定性。仲裁程序的强制性致使当事人无权选择仲裁程序,这在一定程度上可以保证仲裁程序的稳定性,而稳定的仲裁程序有助于当事人对裁决结果形成合理预期。②

然而,仲裁程序的强制性是一把"双刃剑",尽管它能够满足奥运会竞技比赛的即时性、时限性要求,甚至保证仲裁程序在某些方面的公正性,但更为严重的是,运动员的程序性权利有被忽略的可能,同时这也是学者们质疑其公正性的主要原因。既然是强制,那么程序推进就不存在双方协商,说理的成分自然就相应地匮乏,甚至不需要任何理由。正如国际体育仲裁院奥运会特设仲裁分院仲裁规则第 15 条规定:"仲裁庭应根据案件的具体需求和情形、当事人的利益(尤其是其质证权),以及本临时仲裁程序特有的速度和效率要求,自行决定适当

---

① 姜熙:《CAS 奥运会体育仲裁的程序正义》,载《体育学刊》,2011 年第 1 期,第 47 页。
② 郭树理、李倩:《奥运会特别仲裁机制司法化趋势探讨》,载《体育科学》,2010 年第 4 期,第 7 页。

第二章 奥运会体育仲裁中程序性权利之制度渊源、属性及限制

的程序安排。"由于奥运会体育仲裁中程序推进的强制性,其裁决结果的公正性难免会遭受公众的质疑。具体到知情权方面,运动员有可能在仲裁前期得不到相应的通知,在仲裁阶段不能进行充分、有效的答辩,在裁决阶段得不到裁决理由。同理,质证权、辩护权也难以摆脱仲裁程序强制性推进造成的抑制。正如国际体育仲裁院奥运会特设仲裁分院仲裁规则中所写的,仲裁庭可以采用书面形式审理案件,那么,质证权和辩护权的行使就得不到保障。同样,在国际体育仲裁院反兴奋剂仲裁分院仲裁规则中,一旦仲裁庭认为已经掌握案件实情,也可终止仲裁程序。因此,仲裁程序的强制性在一定程度上会抑制程序性权利的行使。

有鉴于此,在解决奥运会体育纠纷的过程中,应做到损益兼顾:一方面要充分发挥国际体育仲裁院奥运会特设仲裁分院、国际体育仲裁院反兴奋剂仲裁分院仲裁庭的"司法性"优势,保证仲裁程序有序推进;另一方面要避免对运动员程序性权利的损抑,让运动员的权益得到更为充分的保障。

二、程序裁量的抑制性

程序裁量是运动员程序性权利难以得到可靠保障的又一阻碍因素。仲裁程序的裁量性说明仲裁程序不具有确定性,而仲裁程序的不确定性致使运动员程序性权利的行使难以得到可靠保障。造成程序裁量的具体原因主要体现在制度缺失性和制度模糊性两个方面。

(一) 制度缺失性的抑制作用

杰弗里·朱斯基(Jeffrey J. Macie Jewski)和大卫·奥扎尔(David T. Ozar)在《自然法与民主中的知情权》(*Natural Law and the Right to Know in a Democracy*)一文中指出:"如果在某个特定环境下声明某项权利,我们就可以很好地理解程序在确定该法的特别应用中是否有法

律依据。"① 这也就意味着权利的存在不仅需要法律确权，还需要相应的制度保障。然而，在奥运会体育仲裁制度中，诸如申请权、质证权、辩护权、知情权和申诉权等程序性权利在国际体育仲裁院奥运会特设仲裁分院仲裁规则中并没有明确列出，因此，只能通过相关的法律条款去领会和推定，如国际体育仲裁院奥运会特设仲裁分院仲裁规则第10条规定："任何希望向国际体育仲裁院奥运会特设仲裁分院提交争议的个人或法人实体，均应向仲裁分院办公室提交书面申请。"即赋予了当事人申请权。当然，也有些程序性权利被直接忽视，如运动员的申诉权。该权利不存在的原因在于国际体育仲裁院奥运会特设仲裁分院仲裁庭采用一次仲裁终局制度，故而，仲裁当事人既没有二次仲裁的机会，也没有向外部司法机构请求救济的机会。既然某种程序被确定为运动员的程序性权利，那么，该程序性权利的行使就需要相关的制度予以保障，相关制度缺失则导致该权利的行使于法无据，最终的结果将是运动员的维权不能。如前所述，在仲裁庭的组织程序上，仲裁员的选择、首席仲裁员的指定、独任仲裁员的选定均由国际体育仲裁院奥运会特设仲裁分院院长决定。这虽然保证了仲裁庭的组织效率，提高了仲裁速度，但是却忽视了对包括运动员知情权在内的各种程序性权利的制度保障。仲裁庭的组织程序及其相关理由是运动员应当知晓的信息，它事关仲裁程序的公正，也必然涉及运动员的权利，但是仲裁庭的组织程序及其组织理由却没有详尽的制度规定和解释说明。这凸显出在仲裁庭组织程序的说明解释上存在制度缺失，也昭示出知情权等程序性权利难以得到仲裁程序的合理维护。加之程序性权利的救济机制存在缺失，这更加表明了奥运会体育仲裁机构的态度——所有的努力首先是为了满足奥运会的竞赛秩序价值，其后才是运动员的相关权益。

鉴于程序性权利在奥运会体育仲裁制度中并没有明确的规定，同

---

① Jeffrey J. Macie Jewski and David T. Ozar, "Natural Law and the Right to Know in a Democracy", *Journal of Mass Media Ethics*, 2005, pp. 121–138.

第二章　奥运会体育仲裁中程序性权利之制度渊源、属性及限制

时也没有相应的法律解释和制度保障，因此，在仲裁过程中运动员的程序性权利将难以得到可靠保障。

（二）制度模糊性的抑制作用

程序性权利的保障需要明确的制度规定，模棱两可的制度规定不利于运动员的有效维权。但是，国际体育仲裁院奥运会特设仲裁分院仲裁规则的有关规定却不具有明确性，例如，国际体育仲裁院奥运会特设仲裁分院仲裁规则的第19条规定："仲裁裁决原则上要简要陈述理由。""原则上要"表示"陈述理由"有例外情形。如果裁决的"陈述理由"成为可以自由裁量的法律规定，那么运动员的知情权就难以得到有效保障。只有奥运会体育仲裁规则规定明确，运动员的相关程序性权利才能得到可靠保障。如意大利体育行会的章程就要求处理内部纠纷时必须书面写明裁决理由，便于运动员行使知情权。[①] 另外，对庭审后的仲裁裁决给予充分的说理也极为重要，它可以化解当事人心中的疑问，便于纠纷解决的长期性和稳定性。可以说，说明裁决理由是定纷止争、化解矛盾的关键所在，没有任何说明理由的裁决恐会留有诟病，一次仲裁终局也只能意味着体育纠纷在形式上得到解决，内心的矛盾是否化解则未可知。因此，维护运动员知情权等程序性权利，应当制定明确的法律制度及相关规定。但是，国际体育仲裁院奥运会特设仲裁分院仲裁规则的第19条规定显然不具有明确性，运动员知情权有被否定的可能。此外，国际体育仲裁院奥运会特设仲裁分院仲裁规则第9条也存在同样的问题，该条规定，国际体育仲裁院奥运会特设仲裁分院"可通过电话发出通知和文书，并随后以书面或电子邮件确认。如无书面确认，若收件人实际知晓文书内容，则该文书仍有效"。该通知显然存在不确定因素。在质证权的制度保障上，国际体育仲裁院奥运会特设仲裁分院仲裁规则同样具有不确定性风险，第15条

[①] 郭树理主编：《外国体育法律制度专题研究》，武汉：武汉大学出版社，2008年版，第249页。

规定，国际体育仲裁院奥运会特设仲裁分院仲裁庭应当"在证据方面采取一切适当的措施"。这就意味着仲裁庭在运动员的质证权上具有绝对的自由裁量权。在辩护权上更是没有提及，只是规定仲裁庭应当听取当事人的意见。最后，如前所述，国际体育仲裁院奥运会特设仲裁分院仲裁庭采取一次仲裁终局机制，因此，申诉权就根本不允许存在。由此可见，在奥运会体育仲裁制度中，除了申请权和申诉权受到仲裁制度的明确限定外（在第三章会具体进行分析），运动员的知情权、质证权、辩护权都处在国际体育仲裁院奥运会特设仲裁分院仲裁庭的自由裁量范围中，自由裁量的存在也就意味着运动员的知情权、质证权和辩护权这三种程序性权利的制度保障具有不确定性。

另外，在国际体育仲裁院反兴奋剂仲裁分院仲裁规则中，由于听证会制度的设置，似乎在运动员程序性权利保障方面有所改善。但是，这依然不能摆脱运动员程序性权利面临救济困难的局面，因为上诉仲裁救济机制与程序性权利无关。同时，鉴于奥运会竞技比赛的时限性、仲裁管辖的强制性，以及仲裁制度的裁量性等特征，国际体育仲裁院反兴奋剂仲裁分院仲裁规则依然难以避免强制性、缺失性和模糊性等制度属性的抑制作用。其区别之处在于，国际体育仲裁院反兴奋剂仲裁分院仲裁机构在兴奋剂处罚问题上采用严格责任原则。为竞赛公平起见，仲裁庭只要发现运动员存在兴奋剂违规情况，就会取消比赛成绩及其对应名次、奖励等相关权益。因此，兴奋剂纠纷的解决重点是运动员赛后的终身体育事业以及将来的物质、精神利益等相关内容。如国际奥委会和国际冰壶体育联合会诉阿列克山德·克鲁舍尼茨基一案中，尽管克鲁舍尼茨基在仲裁中承认了服用兴奋剂的事实，但却要求降低禁赛年限。[1] 在奥运会体育仲裁制度中，强制性、缺失性和模糊性特征的存在，不可避免地会限制运动员程序性权利的行使，故而，

---

[1] CAS, "CAS Anti-Doping Division 18-03 Decision in Case IOC & WCF v. Aleksandr Krusheinitckii(Partial Award)", https://www.tas-cas.org/fileadmin/user_upload/ADD_18-03_Partial_Award.pdf.

第二章　奥运会体育仲裁中程序性权利之制度渊源、属性及限制

有必要进行制度优化，并采取相应举措以保障运动员程序性权利。

本章小结

本章共三个小节。在论证过程中，本章首先简略阐述奥运会体育仲裁的制度渊源，其次详细论述奥运会体育仲裁制度的属性特征，最后深入探讨该制度属性对程序性权利的具体限制缘由。

追根溯源，奥运会体育仲裁中程序性权利的制度渊源有以下特点：一是来源于国际奥委会的管辖赋权，即《奥林匹克宪章》第61条制度规定。二是表现为奥运会体育仲裁的制度确权，即国际体育仲裁院奥运会特设仲裁分院和国际体育仲裁院反兴奋剂仲裁分院两种仲裁程序制度的设立。奥运会体育仲裁制度的确立意味着当事人程序性权利的创设。三是实现于奥运会体育仲裁的程序推进过程中。当事人只有通过仲裁参与，才能实现自身的程序性权利要求。同时，奥运会体育仲裁中的程序性权利还表现为主观性、客观性、推定性等特点。

现今的奥运会体育仲裁制度经过几十年的发展，已经形成了解决奥运会体育纠纷的独有特点和强大优势，得到了国际体育领域的认可和各国体育组织的效仿。奥运会体育仲裁制度的属性主要体现为仲裁程序推进的强制性、体育纠纷解决的及时性、仲裁过程的相对透明性，以及仲裁程序的裁量性等四种。其中，仲裁程序推进的强制性、体育纠纷解决的及时性及仲裁过程的相对透明性是仲裁机制的优点，它们为及时解决奥运会的体育争议、维护竞赛秩序作出了贡献；然而，该制度也存在不足，主要表现为仲裁管理的强制性，以及由于制度缺失性和制度模糊性形成的裁量性对运动员的程序性权利保障产生了抑制作用。

第三章 奥运会体育仲裁中程序性权利保障之症结及现状

在奥运会体育仲裁中，程序性权利是运动员维权过程中的重要权利，本书研究内容主要涉及申请权、质证权、辩护权、知情权和申诉权等五种权利。本章通过剖析程序性权利法律制度保障的症结所在，阐明奥运会体育仲裁中程序性权利保障的现状，并对比国际体育仲裁院奥运会特设仲裁分院、国际体育仲裁院反兴奋剂仲裁分院的两种仲裁机制对程序性权利保障的异同点，为下一步保障和救济运动员程序性权利提供准确的支点。

第一节 奥运会体育仲裁中程序性权利保障之症结

一、国际体育仲裁院奥运会特设仲裁分院仲裁制度

（一）理念冲突

程序性权利的实现与程序正义理念息息相关。在国际体育仲裁院奥运会特设仲裁分院仲裁程序中，程序正义理念会受到各种条件因素的干扰或冲击，其内容主要涉及程序正义与时间正义的冲突、程序正义与体育组织内部救济机制的冲突、程序正义与竞赛规则的冲突等三

个方面。程序正义理念得以践行，也就意味着程序性权利的实现有了可靠的指导思想作保证，否则，就说明程序性权利的实现会受到一定程度的遏制或减损。

第一，程序正义与时间正义。程序正义也称看得见的正义，源自英国法学家戈登·休厄特（Gordon Hewart）的一句格言："正义不仅应实现，而且要以人们看得见的方式加以实现。"在《正义论》中，美国学者罗尔斯认为，只有纯粹的程序正义才能完全体现形成结果的程序的正当性和合理性的独立价值标准。程序本位主义认为，法庭审判过程要得出公正、合理的判决须具备两个条件：一是法律程序应具有优秀品性；二是严格遵循正当、合理的程序。在此，程序正义和正当程序标准发生了关联。[1] 在英美判例法系中，存在这样一个共识，即程序要符合程序正义，就必须满足正当程序的要件，反之亦然。[2] 可见，罗尔斯在《正义论》中的观点和要求与程序本位主义具有一致性。关于正当程序的设置，各种裁决机构通常以最低正当程序标准为要求，不同的诉讼程序及其各阶段的程序内容会有所区别。如孙洪坤认为，刑事诉讼正当程序的最低限度基本要求和标准应包括三个部分：一是在审前阶段应包括的程序权利主要有知悉权，反对被迫自证其罪的权利与沉默权，辩护权，审前证据开示权，无罪推定，不受非法逮捕、搜查和扣押及不必要羁押的权利，以及要求机关审查并予以变更、取消强制措施权，获得人道待遇的权利。二是在审判阶段应包括的程序性权利有获得法庭审判的权利，无罪推定，获得独立、公开、公正审判的权利，对证人的质证权，要求制作法庭笔录的权利，免受不合理拖延的权利，获取充分合理的判决理由的权利。三是在审判后阶段应包括的程序性权利主要包含免受双重危险的权利、不受残酷和异常刑

---

[1] 迈克尔·贝勒斯著,邓海平译:《程序正义:向个人的分配》,北京:高等教育出版社,2005年版。
[2] 樊崇义、夏红:《正当程序文献选编》,北京:中国人民公安大学出版社,2004年版,第8页。

法处罚的权利、上诉权和刑事赔偿权等。① 最低限度的正当程序内容是实体结果的基本保障，不得任意缩减，否则不仅难以保证法律程序的公正与合理性，而且有可能导致遭受侵害的实体性权利无法得到有效救济。

时间正义概念的提出源自国际社会的可持续发展战略。该战略旨在建立一个以人为本、人与自然和谐发展、贫困人口按照明确的目标和计划逐步减少的美好的社会。1972年，在联合国人类环境会议上，可持续发展概念受到关注并首次进行了正式讨论。1980年，可持续发展作为一种术语正式出现在刊物上，它的基本理念是，要确保全球可持续发展，必须研究自然的、社会的、生态的、经济的及自然资源利用过程中的基本关系。1992年，联合国环境与发展会议首次把可持续发展确定为全球基本发展战略和行动指南，并引入时空意义上的正义概念，即时间正义和空间正义。时间正义就是要求在可持续发展的进程中引入时间因素（自然时间和社会时间），通过时间因素来分配社会资源和财富，以保证全人类的可持续健康发展。② 在奥运会体育仲裁中，时间正义指的是国际体育仲裁院奥运会特设仲裁分院仲裁庭在处理体育纠纷时能够在竞赛允许的时间范围内把案件审结，或者可以通过其他措施保证体育纠纷的审理不影响赛事进程，使运动员能够按照既定的赛事日程有序完成比赛，维护竞技比赛的良好秩序。由此可见，国际体育仲裁院奥运会特设仲裁分院仲裁中的时间正义主要强调的是速度，要求仲裁裁决必须满足赛事规程的时间要求，其保障的首要核心是竞赛秩序，其次才是运动员的程序性权利。这与可持续发展战略中的时间正义的观点不同。可持续发展战略强调的是人的发展，以人为本是其核心要义，时间只是条件，引入时间这一要素的目的是优化利益的分配，从而促进人的全面发展。因此，尽管时间正义的内容称

---

① 孙洪坤：《程序与法治》，北京：中国检察出版社，2008年版，第215—221页。
② 戴木才、靳凤林主编：《时代变革与伦理学发展》，北京：中共中央党校出版社，2005年版，第421—422页。

第三章　奥运会体育仲裁中程序性权利保障之症结及现状

谓没有改变，但二者存在本质上的价值偏离，即时间正义的核心要义由以人为本转变为以速度为本。这一偏离有可能损害运动员的程序性权利，最终使运动员的实体性权利难以得到有效保障。

奥运会体育仲裁机制与普通仲裁机制存在较大差异。一般而言，普通仲裁机制具有自愿性、专业性、独立性、保密性、经济性、快捷性和灵活性等特点，[①] 而奥运会体育仲裁机制除了具备普通仲裁机制的部分特点外，还表现出其自身的独有特点——它更强调速度为本。以至于有关学者认为：国际体育仲裁院奥运会特设仲裁分院仲裁庭实现仲裁的真正正义并非正义本身，而是时间要素。[②] 鉴于速度在国际体育仲裁院奥运会特设仲裁分院仲裁庭仲裁机制中的重要程度，在解决体育纠纷时，程序正义理念的实现频频让位于时间正义的要求，其结果必然是国际体育仲裁院奥运会特设仲裁分院仲裁规则中的许多程序性权利受到不同程度的减损。关于奥运会体育仲裁中的时间正义理念，肯尼亚高等法院大律师、英联邦运动会联合会法律顾问夏拉德·拉奥（Sharad Rao）表示认同，他在《体育中的自然正义法则》一文中指出，尽管迅速采取行动的需要可能会改变或限制自然正义的要求，但不能因为裁决的粗糙、迅速或者不完美，就认为没有正义。[③] 拉奥的这段话在强调了国际体育仲裁院奥运会特设仲裁分院仲裁程序具有正义性的同时，也指出了国际体育仲裁院奥运会特设仲裁分院仲裁庭可以为了时间正义而减损仲裁机制的程序正义。然而，根据程序正义理念，仲裁程序必须符合自然正义的精神、满足程序性权利的客观要求，才有可能保障和实现运动员的其他各项实体性权利。事实上，在时间正义和程序正义理念的博弈中，时间正义明显占据了上风，这表明运动员的各项程序性权利面临在一定程度上受到减损的可能。

[①]　江伟、肖建国：《仲裁法》，北京：中国人民大学出版社，2016年版，第13—14页。
[②]　刘想树主编：《国际体育仲裁研究》，北京：法律出版社，2010年版，第35—37页。
[③]　Sharad Rao, "Rules of Natural Justice as Applied in Sports", *Commonwealth Law Bulletin*, Vol. 32, No. 2, 2006, pp. 247-251.

第二，程序正义与体育组织内部救济机制。程序正义的实现不仅依赖于正当程序的要求和设置来保障和支撑，同时还与体育组织的内部救济机制存在一定关联。运动员与竞赛组织之间的纠纷首先不是诉诸外部的仲裁机构或者司法系统进行处理，而是通过内部上诉机制加以解决，这一纠纷处理方式通常被学界称为内部救济机制用尽原则。国际体育仲裁院奥运会特设仲裁分院仲裁规则第1条规定："在针对国际奥委会、国家奥委会、国际单项体育联合会或奥运会组织委员会所作决定提出仲裁请求的情况下，除非用尽内部救济所需时间会导致向体育仲裁院特设分院提出的上诉失去效力，否则申请人必须在提出该仲裁请求前，根据相关体育机构的章程或规则用尽其可获得的所有内部救济。"该条规定为运动员直接上诉至国际体育仲裁院奥运会特设仲裁分院仲裁庭制造了障碍，并且有不公正之嫌。首先，内部救济机制难以改变处罚决定。由于内部救济机构不能体现中立性，因此，内部上诉机构裁定的公正性就难免令人生疑。运动员是体育组织的被管理成员，必须服从体育组织的管理制度，在内部的纠纷处理中处于弱势地位。体育组织管理者一旦对运动员作出相应的处罚，那么即便运动员用尽内部救济机制也很难改变最初的决定。其具体原因如下：一是体育组织管理者不会轻易变更自己作出的决定，改变决定也就意味着承认处罚错误或者不当；二是体育组织管理者上下级间的利益一致性使得上诉机构与体育组织管理者的立场基本相同；三是作为体育组织的管理层，其对体育组织章程制度的理解具有一致性，思想的认同也就决定了裁决行为的类似。体育组织章程是管理者们共同商讨形成的，这表明其在管理中存在着共同的认识基础。所以，在内部救济机制用尽的过程中，改变竞赛处罚结果的可能性可以说微乎其微。其次，作为国际奥委会解决体育纠纷的指定机构，国际体育仲裁院会认真对待体育组织内部的相关处罚和决定，以示对有关体育组织管理职能的尊重。例如，参赛资格争议是奥运会上争议较多的案件，对此类案件，国际体育仲裁院奥运会特设仲裁分院仲裁庭通常会尊重有关体育组织的决定，有关学者称之为尊重专门机构原则。国际体育仲裁院奥运会特设仲裁分院仲裁庭一般会认为，如何选拔运动员参加奥运会是有资格作出决定的体育组织管理机构的任务，不能要求国际体育仲裁院通过仲裁决定哪一名运动员更加优秀或者能够赢得奖牌。更确切地讲，国际体育仲裁院的仲裁实质是判断参赛运动员选拔机构实施的程序是否公平、公正、合理。① 最后，由于体育组织内部救济机制的多少不一，有的甚至设置了三级救济模式，因此，一味地强调用尽内部救济机制显然不利于运动员上诉维权。

综上分析，内部救济机制用尽原则有可能化解内部分歧，但更可能会使运动员的上诉维权迟滞，同时还会造成时间、人力、物力和财力的浪费。因此，内部救济机制用尽原则的科学性和人文理性尚有值得商榷之处。

第三，程序正义与竞赛规则。赛场上的裁决涉及竞赛规则，国际体育仲裁院原则上不干涉或者审查由此产生的争议，即所谓的竞赛规则除外原则。竞赛规则除外原则并不能确保临场裁决的公正性。但国际体育仲裁院却一直在坚持这项原则。国际体育仲裁院通常认为，任何参赛运动员都必须遵从场上裁判基于自己的理解所作出的判决，即便裁判作出的判决出现错误。由此可知，运动员不能因为其不同意裁判的裁决就对此提出仲裁上诉。② 例如，在亚特兰大奥运会期间，法国拳击运动员门迪（Mendy）因击打对手腰带以下位置而被取消比赛资格，门迪对此不满，认为处罚过于严厉，于是就此争议向国际体育仲裁院奥运会特设仲裁分院仲裁庭提起仲裁。国际体育仲裁院奥运会特设仲裁分院仲裁庭认为其对涉及竞赛规则或技术规则的裁决没有管辖

---

① 谢明：《奥运会参赛资格案的国际仲裁审查原则探析》，载《法学评论》，2016 年第 6 期，第 137 页。

② Matthieu Reeb, *Digest of CAS Awards III (2001–2003)*, The Hague: Kluwer Law International, 2004.

权，故驳回了门迪的仲裁申请。①

传统的司法实践通常认为，纯粹的体育运动规则是技术规则，不是法律问题，不应受到法官和仲裁员的审查。竞赛规则除外原则随着奥运会的开展表现出逐步强化和不断完善的趋势。继亚特兰大奥运会之后，盐湖城奥运会再次应用了这一原则，即比赛场上的裁决应由国际体育仲裁院奥运会特设仲裁分院仲裁庭判断对错，司法机构不宜介入。雅典奥运会进一步应用了竞赛规则除外原则。如果有证据证明裁判的裁决行为是恶意的或者裁判有腐败行为，则国际体育仲裁院奥运会特设仲裁分院适时介入。但是，这里的行为是指裁判的渎职行为而不是错判行为。

实际上，国际体育仲裁院奥运会特设仲裁分院仲裁庭对裁判员场上判罚行为的不干涉原则是一种无奈回避。首先，国际体育仲裁院奥运会特设仲裁分院仲裁庭不愿接管场裁纠纷。一方面，此举的目的是尊重竞赛组织的权威。理论上，无论场上裁判员的裁决判罚行为是否为法律行为，国际体育仲裁院奥运会特设仲裁分院仲裁庭都应该主持正义，维护好运动员的正当权益。但是，国际体育仲裁院奥运会特设仲裁分院仲裁庭通常会选择尊重行业自治行为，这实质上是保护竞赛组织的相关权益，维护竞赛组织的权威。另一方面，避免管辖范围的扩大。国际体育仲裁院奥运会特设仲裁分院仲裁庭一旦接受对竞赛规则进行审查，那么很多场裁纠纷都会蜂拥而至，很可能导致国际体育仲裁院奥运会特设仲裁分院仲裁庭难以应付的局面。故而，国际体育仲裁院奥运会特设仲裁分院仲裁庭不愿意扩大其管辖范围。其次，竞赛组织的限制。作为一种社会行业组织，竞赛组织同样要遵循行业自治原则，而行业自治的目的就是不希望外部机构干涉。国际奥委会选择国际体育仲裁院作为仲裁管理机构实际上也是无奈之举，如若内部

---

① 周青山：《奥运会争议仲裁发展浅析》，载《山东体育学院学报》，2007年第8期，第17—18页。

纠纷无法平息，就会影响整个行业，并且国际体育仲裁院经过数十年的变革发展才得到各国际单项体育组织的认可和接纳。故此，场上裁决行为异议一般受各竞赛组织的上诉委员会管辖，不受外部机构管理。

竞赛规则除外原则可以说剥夺了运动员对场上裁决和处罚不满的救济权利，2016年里约奥运会就是一个鲜明的例子。由于裁判员判罚的公正性遭到批评和质疑，六名裁判员不得不提前回家，并且国际拳联秘书长的职务也被暂停。但这并未杜绝裁判们在接下来的比赛中作出争议判罚。①

有救济才能有权利，运动员的权益损害应当得到救济。在竞技比赛中，竞赛规则除外原则导致运动员在权益受损时无法得到救济，这既不能体现竞技比赛的公平，也不能展现国际体育仲裁院奥运会特设仲裁分院仲裁庭的执法公正。为了使运动员的实体性权利真正得到维护，有必要逐步破除奥运会体育仲裁中竞赛规则除外原则的壁垒。当前，可以对一些案情重大、影响深远的案件采取例外原则，以更好维护运动员的权益。随着社会科学技术的快速发展和人们认识水平的不断提高，以及仲裁员能力的日益增强，有计划有步骤地突破竞赛规则除外原则有可能成为现实，这也是所有竞技比赛中运动员的殷切期盼。

（二）权力垄断

权力会产生腐败，绝对的权力会产生绝对的腐败。② 原因就在于，权力能够为掌权者提供恣意妄为的各种可能性，而制度上的缺陷则为权力的恣意行使提供了有利条件。关于权力腐败问题，法国思想家孟德斯鸠有一句经典的论断："一切有权力的人都容易滥用权力，这是万古不易的一条经验。"

---

① 《承认有黑幕？里约奥运会36名拳击裁判被国际拳联集体禁赛》，https://www.guancha.cn/sports/2016_10_08_376390.shtml。

② 约翰·埃默里克·爱德华·达尔伯格-阿尔顿著，侯健、范亚峰译：《自由与权力》，北京：商务印书馆，2001年版，第285—286页。

例如，在 2016 年 8 月 18 日上午，里约奥运会举行的女子 4×100 米接力赛预赛中，由于美国队第 2 棒、第 3 棒运动员交接失误，美国队的竞赛成绩成为最后 1 名。该比赛结束后，美国队提出抗议，表示巴西队干扰了她们的正常比赛。经过裁判长对比赛录像的回看和研判，确证了巴西队违规干扰的事实。于是，裁判长宣布取消巴西队的临场比赛成绩，并安排美国队于当天晚上单独重赛，这是奥运会历史上首次举行单独一支队伍的比赛。比赛结果是美国队以 41 秒 77 的成绩成为第 1 名，晋级决赛，这导致中国队从第 8 名降至第 9 名，失去了决赛资格。鉴于美国队的单独重赛构成了对中国队及其他参赛队伍的竞赛不公，因此，中国队向国际田径裁判仲裁委员会提出申诉维权。然而，中国队的两次申诉均被国际田径裁判仲裁委员会驳回。国际田联竞赛规则第 163 条第 2 款 a 项规定，如果出现比赛"阻挡"事件，并且严重阻碍参赛选手前进，在不可归责于参赛选手的情况下，裁判长可让参赛选手直接进入下一轮比赛，也可自由裁量命令该组重赛；b 项则规定出现可归责于参赛选手过错的"阻挡"事故，裁判长既可以命令重赛，也可以让受阻挡选手直接进入下一轮比赛，但排除有过错的选手参加重赛。无论从文义、目的、历史，还是从系统解释上，"重赛"均指该组全体参赛队员的重赛，而不是个别运动员的重赛。[①] 但是，国际体育仲裁院依然坚持己见，这凸显出权力的恣意妄为，造成了参赛过程的不公。

国际体育仲裁院是国际奥委会指定的唯一一个奥运会体育争议解纷机构，其管辖权来自各种契约的规定，这些契约的签订为其权力垄断奠定了基础。权力垄断在一定程度上减损了奥运会体育仲裁机制对运动员程序性权利保障。

正当程序必然接受程序正义的指引，而程序正义则实现于正当程序的落实和施行之中。通过权力垄断可以保证仲裁的速度，以完成定

[①] 郭树理：《重来之赛，规则已殆——里约奥运会"重赛风波"的法律思考》，载《法学评论》，2017 年第 1 期，第 138—149 页。

纷止争的任务，但是，也减损了相应的正当程序内容，致使仲裁机制的程序正义受到削弱。如前所述，运动员的申请权受到内部救济机制及竞赛规则除外原则的限制，运动员的知情权、质证权和辩护权具有制度上的不确定性，甚至运动员申诉权制度规定的直接缺失，均与国际体育仲裁院权力的垄断性有关。如国际体育仲裁院奥运会特设仲裁分院仲裁规则第15条规定："仲裁庭应根据案件的具体需求和情形、当事人的利益（尤其是其质证权），以及本临时仲裁程序特有的速度和效率要求，自行决定适当的程序安排。"虽然该规定综合考虑了多方面因素，但依然留给国际体育仲裁院奥运会特设仲裁分院仲裁庭一定的自由裁量空间。仲裁庭既不需要向任何人或者组织进行情况汇报，也缺乏应有的程序监督方式，其组织过程完全自行决定。尽管许多学者认为国际体育仲裁院奥运会特设仲裁分院仲裁庭解决了很多奥运会的体育纠纷，并且得到了社会各界的好评，但是，这种评价并不能完全处于争议旋涡中的运动员的评价，也不能完全说明奥运会体育仲裁制度就非常健全。也有一些学者指出，运动员在奥运期间获得胜诉有一定难度，至于兴奋剂案件，证明自己无辜几乎更无可能，以至于出现许多运动员放弃维权的局面。[1] 事实上，国际体育仲裁院的公平、公正性也曾受到法院的质疑和否定。例如，2015年慕尼黑地方高等法院就在运动员佩希施泰因诉德国冰联、国际冰联一案中，判定国际体育仲裁院裁决结果无效。[2] 况且，即便国际体育仲裁院奥运会特设仲裁分院仲裁庭能够解决较多的体育纠纷，体育仲裁制度也仍有完善的空间，这样才有利于真正实现仲裁的目的——维护运动员的各项权益。总之，国际体育仲裁院奥运会特设仲裁分院的权力垄断不但会影响奥运会体育仲裁制度的完善，也不利于运动员程序性权利的维护。

---

[1] 韩勇：《体育法的理论与实践》，北京：北京体育大学出版社，2009年版，第552页。
[2] 于善旭：《法治奥运在北京的实现及其深远影响》，载《首都体育学院学报》，2016年第3期，第199页。

(三) 监督乏力

有权力就要有监督，这是颠扑不破的真理。① 监督的缺失容易导致权力的滥用。事实上，奥运会体育仲裁机构的公正性一直都存在着争议。鉴于此，监督机制的设置与完善就更加不可或缺。换言之，监督机制是维护和保障国际体育仲裁院奥运会特设仲裁分院仲裁程序科学、合理、有序运行的关键，即有效的监督机制有利于奥运会仲裁程序正义的实现。相反，监督乏力则可能导致奥运会仲裁正当程序内容缺失，使运动员的程序性权利难以得到保障。

首先，仲裁程序缺乏监督。国际体育仲裁院奥运会特设仲裁分院仲裁规则第 9 条规定："国际体育仲裁院奥运会特设仲裁分院（小组、庭长或法院办公室）的所有通知和文书可以通过递送、电子邮件、传真等方式送达申请人和被申请人。也可通过电话发出通知和文书，并随后以书面或电子邮件确认。如无书面确认，若收件人实际知晓文书内容，则该文书仍有效。"由该条可知，运动员知情权并不能完全得到有效保障。如在电话的信息传递过程中，当事人可能收不到信息资料，也可能没有书面确认。更为明显且重要的是，在整个信息传输过程中不存在有效的监督机制来确保相关信息传递到位。因此，尽管国际体育仲裁院奥运会特设仲裁分院仲裁规则第 9 条规定了多种信息传递方式，但由于缺乏必要的监督，运动员的知情权依然不能得到确切保障。在仲裁实践中，争议恰恰集中于此，当事人经常以未得到通知和充足的陈述己见的机会而要求撤销裁决或者拒绝承认和执行仲裁裁决。② 同样，质证权、辩护权的行使也得不到保障，这与奥运会监督机制的缺乏不无关系。

其次，既有监督机制作用有限。国际体育仲裁院奥运会特设仲裁分院仲裁规则第 15 条规定："仲裁庭应根据案件的具体需求和情形、

---

① 王守安主编：《中国检察》，北京：中国检察出版社，2013 年版，第 375 页。
② 刘想树主编：《国际体育仲裁研究》，北京：法律出版社，2010 年版，第 411 页。

当事人的利益（尤其是其质证权），以及本临时仲裁程序特有的速度和效率要求，自行决定适当的程序安排。"这表明仲裁程序的监督机制未得到充分重视。在仲裁制度中，唯一的审查要求是对裁决形式的审查。国际体育仲裁院奥运会特设仲裁分院仲裁规则第19条规定："裁决签署前，须由国际体育仲裁院奥运会特设仲裁分院院长审核，院长可对形式作出修改，并可在不影响仲裁小组裁决自由的情况下，提醒仲裁小组注意实质性要点。"据此可知，对仲裁程序的审查监督几近缺失。

总而言之，保障运动员程序性权利，应当建构仲裁程序的监督机制。目前，国际体育仲裁院奥运会特设仲裁分院仲裁执行过程并未遵从程序正义的价值目的和规格要求，而是反其道行之：其一是强调仲裁庭的独立管辖权，裁决上施行一次仲裁终局制度；其二是没有建立起仲裁机构外部的司法审查和监督机制；其三是自身缺乏严格的内部监管机制。在这种情况下，运动员程序性权利难以得到有效保障。

二、国际体育仲裁院反兴奋剂仲裁分院仲裁制度

（一）程序性权利之行使条件

国际体育仲裁院反兴奋剂仲裁分院仲裁程序的建立旨在解决奥运会竞赛中的兴奋剂争议问题，并且为体现争议解决的公平性、公正性和合理性，国际体育仲裁院反兴奋剂仲裁分院还专门设置了听证会制度，这进一步为保障当事人的程序性权利提供了制度保障。

首先，仲裁申请理念不存在严重冲突，维权道路较为畅通。由于对奥运会中的兴奋剂违规采取严格责任原则，所以，赛事组织者只判断运动员是否兴奋剂违规即可，以对其参赛资格和获得成绩采取相应的措施。由此可知，国际体育仲裁院反兴奋剂仲裁分院仲裁程序解决的兴奋剂争议问题主要不是当前的参赛问题，而是以后的参赛问题及相应的利益。故此，程序正义和时间正义在反兴奋剂仲裁程序中并不存在严重的理念冲突，除非兴奋剂检测结果有误。同时，兴奋剂争议

问题可以直接向国际体育仲裁院反兴奋剂仲裁分院仲裁庭申请仲裁，维权过程中也不会受到内部救济机制用尽原则的限制。此外，国际体育仲裁院反兴奋剂仲裁分院仲裁程序是兴奋剂争议问题的专门维权途径，不受竞赛规则除外原则的限制。有鉴于此，运动员兴奋剂争议问题的申请维权受到的限制相对较少。

其次，仲裁制度构架有利于实现维权。在维护当事人的程序性权利方面，国际体育仲裁院反兴奋剂仲裁分院仲裁规则主要有以下几个方面的规定：一是开庭前信息交换；二是听证会制度设置；三是仲裁程序的选择权。开庭前信息交换是指在仲裁申请时，当事人双方可以进行仲裁信息的交换，以此保障当事人双方的仲裁信息知情权。国际体育仲裁院反兴奋剂仲裁分院仲裁规则第A19.1条规定："通常情况下，应提交一份请求书和一份答辩书；若仲裁小组主席决定（尤其是在不举行听证的情况下），还可提交一份反驳书和一份二次答辩书。"第A19.2条规定："除非双方同意或仲裁小组主席基于特殊情形另有指令，在A19.1条所述的书面陈述交换完成后，各方不得补充或修改其请求、论证内容，不得提交新证据材料，亦不得新增拟依赖的证据说明。"该条规定一方面旨在保障双方当事人的知情权，另一方面则是为了保证仲裁程序和当事人维权活动的公正运行。由于听证会的设置，当事人的质证权、辩护权、知情权等程序性权利都可以得到相应程度的保证。国际体育仲裁院反兴奋剂仲裁分院仲裁规则第A19.3条规定："如需举行听证会，仲裁小组主席应尽快就听证事项发出指示，并确定听证日期。"该条规定指出，仲裁小组会听取各方陈述、证人和专家证言，以及各方的最终口头辩论。此即表明，听证会允许当事人进行质证和辩论，这有利于确保各方当事人的质证权和辩护权。此外，国际体育仲裁院反兴奋剂仲裁分院仲裁程序还允许当事人对相关仲裁程序进行选择，如选择仲裁庭和仲裁员等，这在一定程度上体现了当事人的主体地位，便于当事人程序性权利的实现。

但是，由于奥运会竞赛期间的时空限制，以及仲裁庭权力的垄断和强制，当事人的质证权、辩护权、知情权等程序性权利并不会完全得到有效保障。如前所述，在仲裁管辖权上，运动员无权进行选择，只能诉诸国际体育仲裁院反兴奋剂仲裁分院仲裁机构，这就为国际体育仲裁院反兴奋剂仲裁分院的强制管辖奠定了基础。因此，就存在仲裁庭为了满足竞赛的时限要求而牺牲当事人程序性权利的可能性。另外，仲裁程序的监督机制所发挥的作用也较为有限。国际体育仲裁院反兴奋剂仲裁分院第 A21 条规定："裁决书签署前，应将裁决书送交国际体育仲裁院反兴奋剂仲裁分院常务法律顾问，其可对裁决书的形式问题进行修正，并且可以提请仲裁小组注意基本原则问题。"可见，权力垄断和监督乏力依然是程序性权利保障不力的症结所在。因此，要维护好运动员的各项赛事权益，加强程序性权利的保障机制依然是不可或缺的。基于以上情况，可以考虑在国际体育仲裁院反兴奋剂仲裁分院现有仲裁机制基础上，为保障运动员的程序性权利提供相应的助力支持或者改善相关条件，如提高运动员的证据收集能力、加强对仲裁庭运作程序的监督等，以使运动员行使程序性权利得到更好保障。

（二）程序性权利之救济路径

救济路径是维护运动员程序性权利的必备要素。尽管国际体育仲裁院反兴奋剂仲裁分院仲裁规则赋予当事人更多程序选择的权利，并由此可在程序性权利的保障机制上获得相应程度的提升，但是，鉴于该项制度具有仲裁管辖权的强制性、监督机制的无力性以及裁决机制的终极性等特征，所以，该机制依然难以保证运动员程序性权利的完全实现。并且，一旦出现运动员程序性权利受损的情况，该运动员的程序性权利就很难得到相应的救济。首先，仲裁制度的强制性和监督机制的乏力性为运动员程序性权利的受损埋下伏笔。在管辖强制性上，它既可以用来保证仲裁的速度，维护竞赛秩序的有序和稳定，又会在一定程度上损抑运动员的程序性权利；在监督机制上，国际体育仲裁院反兴奋剂仲裁分院常务法律顾问仅作形式上的审查，故而监督机制的力度有待加强。所以，现有监督机制很难促进运动员程序性权利的保障和实现。其次，仲裁机制表现为终结性。终结性意味着案件审理的终止，即维权活动的结束。在仲裁机制上，无论是采用三人仲裁庭的一次仲裁终局制度，还是诉诸独任仲裁庭的二次仲裁终局制度，其结果依然是在国际体育仲裁院仲裁制度下的终结。根据国际体育仲裁院反兴奋剂仲裁分院仲裁规则 A15 条规定："若各方同意由三人仲裁小组（而非独任仲裁员）审理案件，即视为放弃向国际体育仲裁院上诉仲裁部门提起上诉的权利，且该约定仅对同意弃权的各方具有约束力。"《与体育有关仲裁法典》第 47 条规定："若要针对国际体育仲裁院作为一审机构作出的裁决提起上诉，仅当相关联合会或体育机构的规则明确规定允许此类上诉时，方可提出。"因此，在国际体育仲裁院反兴奋剂仲裁分院仲裁机制下，运动员程序性权利受损时很难得到救济。

综上可知，国际体育仲裁院反兴奋剂仲裁分院仲裁规则在程序性权利的保障上有了相应程度的提升，但依然不能完全保障运动员程序性权利的实现，主要原因在于仲裁庭管理权力垄断和仲裁机制监督乏力。特别值得注意的是，运动员程序性权利受到侵犯后依然没有相应的救济路径，这说明运动员程序性权利既没有得到仲裁机构的足够重视，也没有得到各竞赛组织的广泛认同，最终为运动员程序性权利的保障埋下了隐患。只有程序性权利得到相应管理机构的重视，并且建立起完备、可靠的救济路径，运动员程序性权利才会得到更好的维护和保障。

第二节　奥运会体育仲裁中程序性权利保障之现状

一、申请权之行使限制

国际体育仲裁院奥运会特设仲裁分院仲裁规则第 1 条规定，奥运

第三章 奥运会体育仲裁中程序性权利保障之症结及现状

会期间的任何争议都必须通过仲裁解决,这一规定赋予了运动员仲裁申请权。然而,该权利一方面会受到国际体育仲裁院奥运会特设仲裁分院仲裁庭奉行的竞赛规则除外原则的直接限制,另一方面受到体育组织内部救济机制用尽原则的间接限制。这些规定不仅在一定程度上限制甚至剥夺了运动员的申请权,还造成了运动员在物质及精神方面的不必要损耗。

首先,竞赛规则除外原则直接剥夺了运动员的仲裁申请权。虽然国际体育仲裁院奥运会特设仲裁分院仲裁规则规定,奥运会期间发生的任何纠纷都由国际体育仲裁院奥运会特设仲裁分院管理,但该纠纷并不包括临场裁判员的技术性判罚,[1] 除非裁判员有故意、恶意、受贿、欺骗等不法行为。由此可知,国际体育仲裁院对临场裁判员裁决的拒绝审查剥夺了运动员对技术判决不公进行维权申请的渠道。有权利就要有救济,国际体育仲裁院不应拒绝审查对赛场裁决存在争议的仲裁申请。国际体育仲裁院认为临场裁判员具有更强的技术专业能力而否定管辖,这其实是一种推脱,更是对运动员仲裁申请权的剥夺。运动员实战经验丰富,对技术动作是否犯规有着更深刻的理解,听取运动员的意见有利于公正裁决,并且,国际体育仲裁院仲裁员大多来自各国际体育组织,如国际奥委会、国际单项体育联合会、国家奥委会等,而且该类组织中很多人也是运动员出身,他们非常熟知体育运动领域里的相关知识,具有处理该类体育纠纷的技能和经验。因此,国际体育仲裁院有能力通过建立健全体制机制来为运动员提供更为全面的权利救济,而不是通过剥夺其申请权的方式来维护竞赛秩序。2000年悉尼奥运会上,美国摔跤运动员"林德兰德传奇案"就是对裁判判决不满并维权成功的案例,在此案中,林德兰德对裁判判决的不满虽然招致一些媒体的批评,但在捍卫自身权利上,他赢得了人们的

---

[1] Gabrielle Kaufmann, *Arbitration at the Olympics: Issues of Fast-Track Dispute Resolution and Sports Law*, The Hague: Kluwer Law International, 2001.

尊重，追求了属于自己的公正。①

其次，内部救济机制用尽原则影响运动员行使仲裁申请权。虽然体育行业自治有利于其按照自身规律发展，但其消极的一面也不容忽视。体育行业自治会形成管理上的垄断，权力垄断则易伤及运动员权益。② 体育行业自治制约运动员的原因如下：一是内部救济机制用尽原则会迟滞运动员行使申请权。在各国际单项体育联合会中，一般会在章程中设置二级处理机制，如国际体操联合会③、国际篮球联合会④、国际足球联合会⑤等组织；还有些联合会设置了三级处理机制，如国际滑雪和单板滑雪联合会⑥。内部处理机制层级越多，救济途径相应就会愈加繁杂。因此，一味地强调内部救济机制用尽原则会在一定程度上迟滞运动员行使申请权。尽管国际体育仲裁院奥运会特设仲裁分院仲裁规则规定，用尽内部救济机制仍上诉不可能，可以向国际体育仲裁院奥运会特设仲裁分院申请仲裁，但这依然是把体育纠纷的处理尽可能地留给各国际单项体育组织，其目的不是尽早赋予运动员以仲裁申请权，而是促使内部救济机制用尽成为可能，同时也是为了减轻自身工作负担。因此，这可以理解为对运动员维权申请的变相拖延或阻止。还有，繁杂的救济过程所产生的讼累会造成运动员财物的消耗及时间的浪费，对其进一步上诉维权形成了较大的物质和精神负担。二是内部救济机制用尽原则有不公正之嫌。其一，内部裁决机构形式上不中立。中立性是正当程序的要求，是裁决机构公平、公正决断的保障。

---

① 郭树理主编：《国际体育仲裁的理论与实践》，武汉：武汉大学出版社，2008年版，第431页。
② 王家宏、陈华荣：《用尽体育行业内部救济机制原则的反思——兼谈奥运会对我国社会治理的部分影响》，载《体育与科学》，2009年第1期，第3页。
③ FIG,"International Code of Discipline for Gymnastics", http://www.fig-gymnastics.com/site/rules/main.
④ FIBA,"FIBA General Statutes", http://www.fiba.basketball/documents/fiba-general-statutes.pdf.
⑤ FIFA,*FIFA Disciplinary Code*,Switzerland,2017.
⑥ FIS,"Statutes of the International Ski Federation", http://www.fis-ski.com/inside-fis/document-library/statutes/.

然而，在内部救济机制中，裁决机构及其工作人员在人事上和财政上与体育管理组织存在着隶属关系，不具有中立性，这违背了正当程序的要求。其二，法规适用上不中立。体育组织的救济程序适用内部规则，不会考虑其他组织的规定。加之体育组织管理者既是规则的制定者，同时也是释法者，所以法规的适用难保中立。如学者布鲁斯·基德（Bruce Kidd）在《国际体育中负责任的决策：医学科学委员会的改革》（Towards Responsible Policy-Making in International Sport: Reforming the Medical Scientific Commissions）一文中认为："国际田联和国际奥委会以一种阴谋诡计、无事实根据、并且有害的方式制定了高雄激素症条例，与其他机构建立的最佳做法原则背道而驰。"[1] 这显然有损运动员的权益，故而国际体育仲裁院仲裁庭维持了印度短跑运动员杜蒂·钱德对国际田径联合会高雄激素症条例的上诉。其三，双方权力不均衡。体育组织作为管理者处于管理地位，而运动员则是被管理对象，地位处于弱势。在内部救济过程中，尽管给予双方当事人平等的机会和自由，但在裁决机构的组成及人员的构成上双方并不对等，管理者牢牢掌控着支配权。[2] 以致在实践中出现了除非裁决极端有失公平，否则内部救济机构几乎都维持了体育组织纪律处罚的情况。[3]

综上可知，限制运动员仲裁申请权有两方面因素。一是体育组织机构的制度限制。在体育组织机构内，管理制度的不科学是阻碍运动员运用仲裁申请权的直接因素。运动员在体育组织中既是弱势群体，又是规章制度的遵守者，多级管理机制的制度形成和内部救济机制用尽原则的规定，必然使得仲裁申请权的启用大打折扣。二是国际体育仲裁院奥运会特设仲裁分院仲裁庭遵循原则的制约。国际体育仲裁院奥运会特设仲裁分院仲裁庭审理案件坚持竞赛规则除外原则，这将使

---

[1] Bruce Kidd, "Towards Responsible Policy-Making in International Sport: Reforming the Medical-Scientific Commissions", *Sport in Society*, Vol. 21, No. 5, 2018, pp. 773-787.

[2] 刘想树主编：《国际体育仲裁研究》，北京：法律出版社，2010年版，第390—411页。

[3] Richard McLaren, "The CAS AHD at the Athens Olympic Games", *Marquette Sports Law Review*, No. 15, 2004, p. 175.

得无法对技术性裁决不公的案件事实直接进行仲裁维权。

但是，在兴奋剂争议案件中，运动员的申请权则不受限制。国际体育仲裁院反兴奋剂仲裁分院仲裁规则第 A13 条规定："针对涉嫌违反反兴奋剂规则的指控，应由世界反兴奋剂机构签署方（或根据本规则另有规定者）以书面请求形式向国际体育仲裁院反兴奋剂仲裁分院提出。"同时，国际体育仲裁院反兴奋剂仲裁分院仲裁规则第 A2 条规定："当涉嫌违反反兴奋剂规则的案件提交至国际体育仲裁院反兴奋剂仲裁分院时，该分院作为一审机构负责开展程序并作出裁决，并对认定存在反兴奋剂规则违规的情形施加任何相应制裁。"由国际体育仲裁院反兴奋剂仲裁分院仲裁规则第 A2、第 A13 条规定可知，国际体育仲裁院反兴奋剂仲裁分院是奥运会兴奋剂争议的一审机构，有关兴奋性违规的争议可以由各相关体育实体直接向国际体育仲裁院反兴奋剂仲裁分院提出仲裁申请。因此，兴奋剂争议不受体育行业内部救济机制用尽原则的限制。另外，兴奋剂争议事件与竞赛规则除外原则也没有必然关联，所以，在有关兴奋剂的纠纷中，运动员的仲裁申请权不会受到其他竞赛规则的阻碍或者影响。

二、质证权之行使困顿

质证权是指仲裁过程中运动员对提供的各类证据进行质疑、辩驳、说明的权利，反映的是运动员审查证据的方式或途径，其权利形式主要有对质和交叉询问两种类型。质证权的行使可以辩驳和检验证据的品性，它是运动员维护自身权益的重要手段，也是仲裁庭确定是否采纳证据的有效方式。① 然而，国际体育仲裁院奥运会特设仲裁分院仲裁规则对运动员质证权的规定却并不明确，加之运动员在纪律处罚中属于被管理者，在体育争议中处于弱势一方，使得运动员质证权的行使

---

① 蔡宏生：《论证据规则在国际体育仲裁院（CAS）仲裁程序中的运用》，载《浙江体育科学》，2013 年第 5 期，第 9 页。

第三章　奥运会体育仲裁中程序性权利保障之症结及现状

更为不确定。

首先，质证权的保障需要明确的法律依据。要有效维护权益，运动员需要拥有相应的质证权利。然而，国际体育仲裁院奥运会特设仲裁分院仲裁规则对运动员质证权的制度规定却模糊不清。该规则第15条规定："仲裁庭应根据案件的具体需求和情形、当事人的利益（尤其是其质证权），以及本临时仲裁程序特有的速度和效率要求，自行决定适当的程序安排。"[①] 尽管该规则特别强调了会考虑运动员的质证权，但在程序上却并没有明确规定如何进行质证，以及质证的保障手段和方式，而代之以"自行决定适当的程序安排"。这种"适当"既强调了仲裁庭程序推进的独断性，也淡化了运动员的质证权，致使运动员质证权的行使处于仲裁庭的自由裁量中。质证权制度规定的模糊不清会使运动员权利处于不稳定中。

相较于国际体育仲裁院奥运会特设仲裁分院仲裁规则，国际体育仲裁院反兴奋剂仲裁分院仲裁程序更有利于运动员质证权的实现。这主要是因为国际体育仲裁院反兴奋剂仲裁分院仲裁规则中对听证程序作出了明确规定，从而为运动员质证权的行使提供了法律保障基础。国际体育仲裁院反兴奋剂仲裁分院仲裁规则第A19.4条规定："专家提供的任何报告均应传达给各方当事人，同时，专家应在听证会上接受询问。"该条规定表明，各方当事人均有权获悉专家提供的有关兴奋剂检测的证据报告，并且有权利在听证会上对该证据报告进行质询，这是对运动员质证权行使的法律制度保证。另外，第A19.4条还规定："一方当事人可请求仲裁小组命令另一方当事人提交其持有或控制的文件。请求提交文件的一方应证明此类文件可能存在且具有相关性。"[②] 该条对提供证据文件的要求以及对证据相关性的要求本身就涉

[①] CAS, "Arbitration Rules Applicable to the CAS ad hoc Division for the Olympic Games", https://www.tas-cas.org/en/arbitration/ad-hoc-division.html.

[②] CAS, "Arbitration Rules-CAS Anti-Doping Division", https://www.tas-cas.org/en/arbitration/cas-anti-doping-division.html.

及运动员质证权的行使方式,同时也是对运动员质证权的保证。尽管如此,质证权的行使也依然会受到国际体育仲裁院反兴奋剂仲裁分院仲裁庭的权力制约。根据对奥运会体育仲裁制度属性的分析,由于仲裁庭权力的垄断性,以及仲裁制度的模糊性和缺失性,质证权同样会受到不同程度的限制。

其次,质证权的行使需要均衡的证据力量。体育争议双方的实力悬殊制约着运动员行使质证权。实力悬殊重点在于证据力量的不平衡。从理论上讲,仲裁庭赋予了体育争议双方获取充分证据的权利,以通过相互质证作出公正之裁决。但实践中运动员获取证据的力量却处于匮乏状态,这是导致运动员质证能力不足的主要原因。例如在兴奋剂案件中,有学者经研究认为,运动员获取专家证据的力量不足涉及三个方面的原因:一是运动员的经济实力不济。聘请专家的费用较高让很多运动员望而却步,如美国女篮超级巨星请专家出示一份报告就花去了八万欧元,这还没有计算其出场费。二是规则的不合理限制。一方面,运动员很难找到专家。世界反兴奋剂机构的兴奋剂检测专家是该机构的委任专家,对于运动员来说不具有中立性。并且,世界反兴奋剂机构不允许实验室专家与其有任何利益冲突,而世界反兴奋剂机构之外几乎没有专家能胜任兴奋剂的检测工作。所以,找到合适的专家对运动员来说极其困难。另一方面,运动员很难获取信息资料。除了与本人检验结果有关的基本信息之外,世界反兴奋剂机构规定,所有兴奋剂检测的资料及流程均不得外泄。三是管辖权限制。世界反兴奋剂机构制定的禁用清单及检测方法是合同性条款,不受国际体育仲裁院管辖。

综上所述,在仲裁过程中,运动员的质证权并不能完全得到可靠保障。为保障运动员能够有效行使质证权,必须从完善仲裁制度和提高运动员证据获取能力两个方面加以完善。其中,完善的仲裁制度是保障运动员质证权的基础,而证据获取能力是保障运动员质证权的根本。运动员只有获得相应的证据获取能力,才能更好地行使质证权,

第三章　奥运会体育仲裁中程序性权利保障之症结及现状

从而有效保护自身权益。

三、辩护权之行使阻障

辩护权原意是指刑事诉讼法中的程序性权利。本书所称辩护权与其相关，但性质不同，它主要指运动员在奥运会体育仲裁程序中享有的辩护权利。在仲裁过程中，运动员可以依据案件事实和仲裁规定针对竞赛组织、其他机构或成员的指控进行申述、辩解或者反驳，以维护自身权利。当事人可以进行自我辩护，也可以委托律师或代理人进行辩护。辩护权的设置对于维护运动员自身权益而言意义重大。有学者通过分析委内瑞拉法律和其他法律制度指出，无抗辩将导致仲裁裁决无效，辩护权是裁决公平的一种有力保证。[①] 通过行使辩护权，当事人可以直接反驳对方的观点、论证、论据等内容，并相应提出自己的观点、主张或要求，以达到维护自身利益的目的，必要时，当事人还可以根据现实情况委托律师或代理人进行更为专业的辩护。另外，通过控辩双方的辩论，也可以增进奥运会特设仲裁分院对争议点的进一步认识，从而作出科学、合理的裁决。

但是，在国际体育仲裁院奥运会特设仲裁分院仲裁庭的仲裁程序中，运动员的辩护权并不能得到很好的保障。根据其仲裁规则第15条，"应当"一词的使用意味着辩护权的行使可以有例外情形；在"证据适用方面可以采取一切其认为适当的措施"又表明国际体育仲裁院奥运会特设仲裁分院仲裁庭的强势地位。由此可知，运动员的辩护权处在国际体育仲裁院奥运会特设仲裁分院仲裁庭的自由裁量范围中，这意味着运动员行使辩护权存在着不确定性。

例如，在2012年伦敦奥运会参赛资格权第二案例中，爱尔兰拳击选手在奥运会主导的三次选拔机会中均落选，在经其律师质询了国际

[①] Guillen and MCD, "The Defencelessness and Inmotivation as Causes of Invalidity of the Arbitration Award in the Venezuelan Law", *Revista de Derecho Privado*, 2016, pp. 229-262.

奥委会拒绝选拔的理由后向国际体育仲裁院奥运会特设仲裁分院仲裁庭提起仲裁申请。然而，国际体育仲裁院奥运会特设仲裁分院仲裁庭却驳回了运动员的仲裁申请，其依据是产生体育纠纷的时间不属于奥运会仲裁规则指定的时间段。国际体育仲裁院奥运会特设仲裁分院仲裁庭认为体育纠纷没有发生在奥运会的比赛期间，与体育纠纷时间的确定密切有关。但是，在早前的斯库里案件中却与此要求不同。当时，国际体育仲裁院奥运会特设仲裁分院仲裁庭认为，只有进行仲裁申请才能断定体育纠纷的发生，即便斯库里本人要求知道失格理由或者已经知道，甚至进行了反对都于事无补。

在该案中，仲裁庭没有以斯库里案的案件日期确定为标准，而是按照具体情形综合运动员与其他相关方的态度和事实来确定标准，即以案件发生的具体时间为基准。仲裁庭采取截然不同的标准必然产生不同的结果，而运动员没有辩解和反驳的机会，这也是仲裁庭行使自由裁量权导致的结果。2012年伦敦奥运会参赛资格权第八案例也反映出国际体育仲裁院奥运会特设仲裁分院仲裁庭自由裁量权力的威力。在该案中，国际现代五项联合会由于对不同文本选拔规则的理解和适用不同，先要求法国运动员波尔柔参赛，后又改换为爱尔兰运动员克菲。为此，波尔柔提出了上诉，尽管国际体育仲裁院奥运会特设仲裁分院仲裁庭曾以禁止反言原则处理多起类似案件，但这次却以工作错误为由驳回当事人的申请。同样，运动员没有辩解的权利，只能接受仲裁结果。

综上所述，运动员的辩护权不仅在国际体育仲裁院奥运会特设仲裁分院仲裁规则上模糊不清，而且在仲裁实践中也没有得到国际体育仲裁院奥运会特设仲裁分院仲裁庭的充分保障。造成辩护权缺失的原因固然与仲裁的制度规定密切相关，但国际体育仲裁院奥运会特设仲裁分院仲裁庭的自由裁量权也起到推波助澜的作用。有辩护才有公正，辩护权得不到应有的尊重必然影响仲裁程序的公正，这也就意味着运动员的程序性权利遭受忽视，其最终结果就是运动员的实体性权利受到不同程度的损害。

相反，在国际体育仲裁院反兴奋剂仲裁分院仲裁制度中，辩护权的行使得到了一定程度的肯定和保证，为运动员通过辩护权捍卫自身权益提供了制度基础。国际体育仲裁院反兴奋剂仲裁分院仲裁规则第A19.3条规定："如需举行听证会，仲裁小组主席应尽快就听证事项发出指示，并确定听证日期。一般而言，听证会仅举行一次，仲裁小组将在听证会上听取各方陈述、证人及专家意见，以及各方的最终口头辩论，其中被申请人应最后发言。"① 由该条规定可知，当事人有提出意见的权利、进行答辩的权利，以及被申请人意见最后被听取的权利。这也就意味着受到指控违反兴奋剂规定的运动员享有为了保护自身权益而进行辩护的权利。当然，运动员能否通过辩护权维护自身权益还要受制于自身的辩护能力以及仲裁庭管控能力等客观因素。

四、知情权之行使束缚

第一，国际体育仲裁院奥运会特设仲裁分院仲裁规则中的知情权。在国际体育仲裁院奥运会特设仲裁分院仲裁规则中，知情权意指在奥运会中有关参赛运动员获悉国际体育仲裁院奥运会特设仲裁分院仲裁规则中所规定的各种仲裁相关信息的权利，它贯穿于仲裁申请开始至裁决作出并送达各方当事人的整个程序过程。从管辖权的强制性上分析，本书认为，该仲裁信息的知情权为狭义的或官方的信息知情权。在知情权的属性上，其特征要点如下：一是基本人权特征。基本人权是人类社会对权利进行不懈追求的成果，彰显社会历史发展的人权价值趋向，并得到国际人权法及世界大多数国家法律制度的支持。② 运动员也概莫能外。奥运会中运动员的知情权同样具有人权要求的一般性特征，只不过其反映的是基本人权的特殊领域问题。二是知情权具有

---

① CAS,"Arbitration Rules-CAS Anti-Doping Division",https://www.tas-cas.org/en/arbitration/cas-anti-doping-division.html.

② 李国际、夏雨：《知情权的宪法保护》，载《江西社会科学》，2007年第2期，第192页。

权利复合性特征。运动员的知情权主要表现为自由权和社会权的双重属性。运动员可以要求或放弃仲裁裁决给出相关理由——这属于自由权属性，而仲裁庭主动公开裁决的信息内容则属于社会权属性。从整个仲裁过程分析，体育争议是仲裁机制运行的逻辑起点，国际体育仲裁院奥运会特设仲裁分院仲裁庭根据仲裁规则的要求来推动仲裁程序的运行，并主要以与体育相关的法律制度为裁决依托。运动员则是以知情权的行使为发端参与到整个仲裁程序中，并通过行使各种程序性权利达到维护自身实体性权利之目的。但是，在仲裁实践中，运动员知情权的实现还存在诸多困境。一是知情权存在国际范围内的基本权利虚空。目前，世界上并未出现完全意义上的超国家政府机构，国际性宪法权利尚不存在，同理，以主体国家为基础的公权利属性也不存在，故而运动员无法通过相应的超国家机构进行相应的基本权救济。二是国际范围内的法律适用困顿。即便奥运会相关仲裁规则规定瑞士洛桑为仲裁庭法律所在地，仲裁争议受瑞士国际私法支配。但由于运动员属于世界各个不同国家，并非仅局限于瑞士一个国家，故此，国际体育仲裁院奥运会特设仲裁分院仲裁规则同样不能保障每个运动员在瑞士都受到宪法性权利保护。三是在法律特征上，运动员知情权除了表现出主体和权利范围特定、主体之间的互动性，以及知情权的对等性等特征外，更主要反映的是程序性特征，运动员通过知情权的行使参与仲裁程序并推动整个仲裁程序的有序进行。

知情权的权利外延包括仲裁启动信息、庭审答辩信息、仲裁裁决的结果和理由，它们分别处于仲裁前期、庭审阶段、裁决阶段三个阶段。仲裁前期是指从仲裁申请开始到仲裁开庭之前这一阶段。此阶段运动员知情权的内容为仲裁启动信息，其任务主要是仲裁双方当事人获取仲裁相关信息资料，以保证仲裁程序顺利进行。国际体育仲裁院奥运会特设仲裁分院仲裁规则第9条规定："国际体育仲裁院奥运会特设仲裁分院（小组、庭长或法院办公室）的所有通知和文书可以通过递送、电子邮件、传真等方式送达申请人和被申请人。也可通过电话

第三章　奥运会体育仲裁中程序性权利保障之症结及现状

发出通知和文书，并随后以书面或电子邮件确认。如无书面确认，若收件人实际知晓文书内容，则该文书仍有效。"① 庭审阶段是仲裁程序的关键阶段，它是指从仲裁庭开庭直至双方当事人答辩结束这一阶段。运动员知情权的主要内容为辩诉信息，反映当事人双方控辩互动情况。即双方当事人运用其所掌握的信息，通过相互质证或者辩驳来明晰体育争议的权属是非等内容。知情权的行使分为两个方面：一方面是被申请人获悉申请人的诉求内容及其证据、理由。诉求内容与仲裁申请一致即可进行针锋相对地辩驳，如果超出仲裁申请的内容范围则应要求该诉求无效，从而达到捍卫自身权益的目的。另一方面是申请人可以知悉被申请人的答辩信息，为其庭审的辩驳论证提供信息资料，以实现其自身应有的诉求。裁决阶段是仲裁机制的最后阶段，即从庭审结束直至裁决书送达双方当事人的阶段。运动员知情权的主要内容是裁决结果和相应理由。由于仲裁裁决结果和理由事关当事人切身利益，故而，运动员知情权不可忽视。

虽然知情权对运动员维权极为重要，但知情权的制度保障并不充分。如国际体育仲裁院奥运会特设仲裁分院仲裁规则第9条规定："如无书面确认，若收件人实际知晓文书内容，则该文书仍有效。"这就使当事人的知情权不能得到万无一失的保障。因此，切实维护运动员知情权，还须采取积极有效的保障措施。如若当事人在开庭前的信息获取不畅或者不对等，就必然会影响仲裁的秩序价值、程序价值、效益价值和控权价值等法益。② 国际体育仲裁院奥运会特设仲裁分院仲裁规则第19条规定："仲裁裁决原则上要简要陈述理由。""原则上"的要求也意味着仲裁庭可以不陈述理由。最后，在裁决后的送达通知过程中，仲裁庭同样也有不说明理由的空间。以上所列国际体育仲裁院奥运会特设仲裁分院仲裁规则的相关规定不能充分保障运动员的知情权。

---

① CAS, "Arbitration Rules for the Olympic Games", http://www.tas-cas.org/fileadmin/user_upload/CAS_Arbitration_Rules_Olympic_Games__EN_.pdf.

② 张翔：《基本人权的规范架构》，北京：高等教育出版社，2008年版，第47—75页。

· 97 ·

所以，这样的裁决也只是在形式上解决了体育纠纷，并未在实质上化解矛盾。

既然知情权是国际公认的基本人权，那么在法律上和实践中均应当得到保障。如斯坦福大学学者理查德·鲁本（Richard Reuben）认为，在传统的两极模式下，纠纷解决分为两个方面：一是公开性质的司法诉讼，受宪法保障；二是私人性质的替代性解决纠纷方式，不受宪法约束。据此，他们提出了一种替代性解决方案，即提出公共民事纠纷解决理论的统一解决办法，承认在许多反兴奋剂规则程序中需要最低但有意义的宪法保障。[①] 这也就意味着宪法规定的基本权利在反兴奋剂规则程序中同样应得到保护。尽管以瑞士宪法保护各国运动员的知情权不太现实，但我们可以采用其他途径保护运动员的知情权。知情权对于运动员的实体性权利保障极为重要，该权利的保障不足必然不利于运动员有效维护自身权益。从运动员仲裁申请的启动到仲裁过程中当事人双方的辩驳直至仲裁庭作出裁决，整个过程中都应当维护好运动员的知情权，让仲裁的启动、过程和结果均能满足运动员知情权的权利需要。

第二，国际体育仲裁院反兴奋剂仲裁分院仲裁规则中的知情权。在国际体育仲裁院反兴奋剂仲裁分院仲裁规则中，知情权即运动员获取或知悉国际体育仲裁院反兴奋剂仲裁分院仲裁规则制度中规定的相应信息的权利，其外延结构同样包括仲裁启动信息、庭审答辩信息、仲裁裁决结果和理由三个部分。

但是，在国际体育仲裁院反兴奋剂仲裁分院仲裁规则中，运动员的知情权获悉相较国际体育仲裁院奥运会特设仲裁分院仲裁规则得到了更为有力的制度保障。在国际体育仲裁院反兴奋剂仲裁分院仲裁程序启动中，通知和函件的获取有明确的投送地址、具体的通信方式和规范的文本格式要求。如国际体育仲裁院反兴奋剂仲裁分院仲裁规则

---

① Richard Reuben, *Constitutional Gravity and Alternative Dispute Resolution: A Unitary Theory of Public Civil Dispute Resolution*, Stanford: Stanford University, 1998.

第 A6 条规定："国际体育仲裁院反兴奋剂仲裁分院或仲裁庭拟向各方发出的所有通知和函件，均应通过国际体育仲裁院反兴奋剂仲裁分院办公室进行。通知和函件应发送至仲裁请求书中注明的地址，或发送至各方后续指定的其他地址。所有仲裁裁决、命令和其他由国际体育仲裁院反兴奋剂仲裁分院和仲裁庭作出的决定应以允许证明收讫的形式通过电子邮件（antidoping@ tas‐cas. org）、快递或传真方式进行通知。"该条规定通过选择仲裁申请书指定的地址避免了传递信息的不确定性。另外，传送信息的方式和文件格式的固定也有利于信息传递的方便和高效。在庭审答辩中，国际体育仲裁院反兴奋剂仲裁分院仲裁规则对听证会的设立便于运动员通过行使质证权和辩护权来维护自身权利。国际体育仲裁院反兴奋剂仲裁分院仲裁规则第 A19.3 条规定："一般而言，听证会仅举行一次，仲裁小组将在听证会上听取各方陈述、证人及专家意见，以及各方的最终口头辩论，其中被申请人应最后发言。"由该条规定可知，听证会制度规定了各方当事人、证人及专家的有关主张和举证的权利、口头答辩的权利，以及答辩秩序等内容。在裁决的结果和理由方面，国际体育仲裁院反兴奋剂仲裁分院仲裁规则第 A19 条规定，裁决书原则上应简述理由。对裁决结果作说明有利于解答相关当事人对裁决结果的疑惑，同时也为当事人是否继续上诉维权提供了参考。当然，对兴奋剂纠纷的上诉建立在独任仲裁庭审理的基础上。

综上所述，在国际体育仲裁院反兴奋剂仲裁分院仲裁规则中，运动员获悉仲裁相关信息的权利得到了国际体育仲裁院反兴奋剂仲裁分院仲裁规则的制度保障。故此，与国际体育仲裁院奥运会特设仲裁分院仲裁规则相比，国际体育仲裁院反兴奋剂仲裁分院仲裁规则更有利于保障运动员的知情权，从而也更有助于运动员通过行使知情权维护自身利益。

五、申诉权之行使无据

申诉权是指运动员涉及奥运会的各种权利在受到有关体育组织的

侵害或不当处罚时，在既没有得到体育行业组织内部救济机制有效、合理救济，也没有获得国际体育仲裁院奥运会特设仲裁分院及国际体育仲裁院反兴奋剂仲裁分院仲裁庭对前述机构判罚裁定的撤销、纠正或变更等救济措施的情况下，有权依据国际体育仲裁院奥运会特设仲裁分院及国际体育仲裁院反兴奋剂仲裁分院仲裁规则向体育组织系统外部的国家司法系统寻求救济的权利。申诉权是运动员维权的最后一道屏障。没有申诉权，也就意味着运动员权利的守护缺失了法律救济这一重要环节。当然，法律救济还必须坚持司法的公平性、公正性，以及树立起司法的权威性和终极性。① 另外，体育行业自治并非法外空间，不能脱离国家法治的监督和管理。②

尽管体育行业应当受国家的司法管辖，但对于司法机关是否应介入体育领域的事务纠纷也曾存在激烈的争论，主要有"容忍派"和"介入派"两种观点："容忍派"认为，体育行业事务应该由体育组织自治管理，按照内部竞赛规则和制度章程处理即可，司法机关没有必要介入体育领域的事务争端。正如英国法学家丹宁勋爵认为的，在内部裁决中，正义的实现在于有一个好的外行而不是一个坏的律师。"介入派"的观点则完全相反，它指出体育组织是一个极具垄断权力的机构，如若国家司法机关放任不管，很可能就会伤害到内部成员尤其是运动员的个人利益。因此，体育领域内的纠纷不能完全由体育组织自治。而且，"介入派"还认为，司法机构介入体育行业内部事务有助于推行体育法治和体育自治。

司法机关对体育行业自治的容忍或克制有其根源。一是体育行业自身的社会特殊性。体育行业领域有着各种各样有关体育运动的技术、规则，以及组织管理的制度章程，司法机关首先要熟谙体育运动的技术原理，这是解决体育纠纷的基本条件，也是其他司法人员面临的主

---

① 汪习根主编：《法律理念》，武汉：武汉大学出版社，2006年版，第230页。
② 王家宏、陈华荣：《用尽体育行业内部救济机制原则的反思——兼谈奥运会对我国社会治理的部分影响》，载《体育与科学》，2009年第1期，第3页。

第三章 奥运会体育仲裁中程序性权利保障之症结及现状

要难点；其次要理清竞技比赛规则和相关的管理制度。二是体育行业组织通常以协议的形式成立，即行业协会与成员之间存在契约关系，因此，体育行业组织的管理属于其组织内部对事务的管理，故而在一定程度上排斥外部机构尤其是司法机关的介入。这种自治管理方式被传统法学理论称为特别权力关系理论。然而，随着社会的发展，体育组织大量涌现，组织内部的利益关系也趋于复杂，行业自治不可避免地会产生一些有损内部成员利益的是非问题。为了保障组织内部成员尤其是运动员的利益，司法介入体育行业的内部管理就成为当前的必然趋势。[①] 故此，申诉权也就有了存在的正当理由。

既然申诉权是运动员的一项重要程序性权利，在仲裁规则中就应当加以确认和保障。然而，事实却恰恰相反。国际体育仲裁院奥运会特设仲裁分院仲裁规则第20条规定："仲裁庭应综合考虑案件的所有情况，包括申请人的救济请求、争议的性质与复杂程度、解决争议的紧迫性、所需证据的范围及待解决的法律问题、当事人的陈述权，以及临时仲裁程序结束时的案卷状况，决定作出终局裁决，或根据《与体育有关仲裁法典》将争议移送国际体育仲裁院仲裁。仲裁庭也可就部分争议作出裁决，并将未解决的部分移送国际体育仲裁院常规程序处理。"[②] 由该条可以看出，无论是作出终局裁决还是移交给国际体育仲裁院裁决，国际体育仲裁院奥运会特设仲裁分院仲裁规则均未涉及允许运动员向外部司法机关申诉的规定。另外，即便纠纷移交至国际体育仲裁院普通仲裁机构，其结果也是一样。因为国际体育仲裁院制定的《与体育有关仲裁法典》第46条同样规定："国际体育仲裁院裁决应是终局的，当事人均应受其约束。"[③] 由此可知，国际体育仲裁院奥运会特设仲裁分院仲裁规则中申诉权制度存在缺失，而缺失的直接

[①] 孙杰：《竞技体育犯罪的刑法规制研究》，济南：山东人民出版社，2014年版，第76—77页。
[②] 黄进：《体育争议与体育仲裁初探》，载《2006年体育仲裁国际研讨会论文集》，第1—16页。
[③] CAS, "Code of Sports-Related Arbitration", http://www.tas-cas.org/fileadmin/user_upload/Code_2017_FINAL__en_.pdf.

根源就是国际体育仲裁院仲裁规则原则上排斥司法机关的介入。同样，在国际体育仲裁院反兴奋剂仲裁分院仲裁规则中，申诉权制度也无踪迹可寻。国际体育仲裁院反兴奋剂仲裁分院仲裁规则中规定的仲裁方式有三人仲裁庭和独任仲裁庭两种形式，采用三人仲裁庭就意味着一次仲裁终局；采用独任仲裁庭模式时，虽然运动员不服仲裁决定时可以上诉到国际体育仲裁院上诉仲裁庭，但其结果与国际体育仲裁院奥运会特设仲裁分院仲裁规则中的上诉形式类似，即国际体育仲裁院上诉机构仲裁裁决为终局裁决。

总之，国际体育仲裁院奥运会特设仲裁分院和国际体育仲裁院反兴奋剂仲裁分院仲裁规则均没有设置外部申诉机制。申诉权制度缺失的主要原因如下。一是奥运会比赛时间急迫和有限。奥运会体育仲裁制度的创立目的是保障竞赛秩序稳定有序，始终奉行的是时间正义的基本原则，注重的是仲裁裁决的"速度"和"高效"，而一次仲裁终局制度是其保障仲裁裁决"速度"和"高效"的主要策略。为此，国际体育仲裁院奥运会特设仲裁分院仲裁规则和国际体育仲裁院反兴奋剂仲裁分院仲裁规则均放弃了申诉权制度的设置。二是奥运会国际体育仲裁院仲裁权力具有垄断性。垄断是权力滥用的源泉，强制性是垄断的外在表现形式，申诉权制度的舍弃在某种程度上就是国际体育仲裁院权力垄断的结果。

第三节 奥运会体育仲裁中程序性权利保障之制度比较

一、仲裁管理理念的趋同性

第一，仲裁管辖权的强制性。在体育纠纷管辖权上，国际体育仲裁院奥运会特设仲裁分院和国际体育仲裁院反兴奋剂仲裁分院都表现为强制性。《奥林匹克宪章》第 61 条规定："在奥运会期间发生的以及与奥运会有关的任何争议，都应提交到体育仲裁庭。"该规定明确了

第三章 奥运会体育仲裁中程序性权利保障之症结及现状

国际体育仲裁院具有奥运会体育纠纷的专属管辖权。与此同时，运动员参加奥运会的各项赛事活动也必须遵循《奥林匹克宪章》以及各国际体育运动组织的相关规则。鉴于国际体育仲裁院对奥运会各种体育纠纷的仲裁管辖权来自国际奥委会，以及相关国际体育组织的专门授权，运动员为了参赛，除了服从并没有选择的权利。因此，一旦竞赛过程中出现体育纠纷，运动员只有诉诸国际体育仲裁院设置的临时仲裁机构——国际体育仲裁院奥运会特设仲裁分院和国际体育仲裁院反兴奋剂仲裁分院进行仲裁维权。

第二，仲裁机制调整的灵活性。奥运会体育仲裁程序推进具有一定程度的灵活性，尤其是国际体育仲裁院奥运会特设仲裁分院的仲裁程序。国际体育仲裁院奥运会特设仲裁分院仲裁规则第15条规定，仲裁庭可以"自行决定适当的程序安排"。由该条可知，当事人对仲裁程序没有决定权，仲裁庭可以根据仲裁需要对程序进行相应的设置和调整，从而适应奥运会竞赛的需要。同时，这也表明了国际体育仲裁院奥运会特设仲裁分院仲裁程序具有一定的灵活性。相反，国际体育仲裁院反兴奋剂仲裁分院仲裁规则中没有规定仲裁庭可以根据仲裁需要调整仲裁程序，但在听证会制度上，存在组织程序调整上的相应空间。国际体育仲裁院反兴奋剂仲裁分院仲裁规则第A19.3条规定："在与当事人各方协商后，仲裁庭如认为自己对情况充分了解，可决定不举行听证会。"由此可见，国际体育仲裁院反兴奋剂仲裁分院仲裁程序并非严格遵循程序规定，一成不变。另外，国际体育仲裁院反兴奋剂仲裁分院仲裁规则还允许当事人在三人仲裁庭和独任仲裁庭中进行选择。总之，在仲裁程序上，这两种仲裁制度均具有相应的灵活性。只不过国际体育仲裁院奥运会特设仲裁分院仲裁程序的灵活性体现为仲裁程序在仲裁庭主导下进行，而国际体育仲裁院反兴奋剂仲裁分院仲裁，程序的灵活性变动则取决于当事人的选择。

第三，仲裁结果的终结性。奥运会体育仲裁制度体现出裁决结果形式上的终结性。在国际体育仲裁院奥运会特设仲裁分院仲裁规则中，仲裁采用一次仲裁终局制度。另外,即便国际体育仲裁院奥运会特设仲裁分院仲裁庭由于各种复杂原因没有作出裁决而是移交至国际体育仲裁院常规机构,其裁决结果也同样具有终结性。国际体育仲裁院奥运会特设仲裁分院仲裁规则第 21 条规定:"该裁决立即生效……明确排除所有撤销程序,不得通过申请撤销裁决的方式提出异议。"即体育争议将由移交后的国际体育仲裁院常规机构作最终裁决。在国际体育仲裁院反兴奋剂仲裁分院仲裁规则中,当事人可以选择三人仲裁庭或者独任仲裁庭解决兴奋剂争议问题,如果采用三人仲裁庭解决兴奋剂争议问题,就适用一次仲裁终局制度;如果选用独任仲裁庭,则适用于二次仲裁终局制度,即交于国际体育仲裁院上诉仲裁庭终结兴奋剂争议问题。

综上所述,奥运会体育仲裁机制强调纠纷解决的终结性,其作用就在于快速恢复竞赛秩序,较好地保障赛事组织者的竞赛利益。但是,仲裁终结性不仅要体现为形式上的终结,还要表现为实质问题上的终结。因为只有奥运会体育仲裁机制有效实现了当事人的人权价值,捍卫了当事人的正当权益,维护了竞技比赛的秩序价值,才算是真正实现了体育纠纷解决的终结性。

二、仲裁管理机制的差异性

第一,当事人仲裁参与的动力机制不同。在国际体育仲裁院奥运会特设仲裁分院仲裁程序中,当事人主体参与仲裁具有极大的被动性,几乎完全是以接受仲裁庭的安排为主。比如仲裁程序的设置需要听从仲裁庭的强行安排,仲裁庭、仲裁员的选择必须根据国际体育仲裁院奥运会特设仲裁分院院长的决定,而当事人除了提出仲裁员回避以及仲裁庭组成违反规定的权利外并没有其他的选择余地。在国际体育仲裁院反兴奋剂仲裁分院仲裁程序中,情况正好相反,当事人可以参与到仲裁程序中。首先,当事人对仲裁程序的推进享有一定的决定权。例如,国际体育仲裁院反兴奋剂仲裁分院仲裁规则第 A19.2 条规定:

第三章 奥运会体育仲裁中程序性权利保障之症结及现状

"除非双方同意或仲裁小组主席基于特殊情形另有指令，在 A19.1 条所述的书面陈述交换完成后，各方不得补充或修改其请求、论证内容，不得提交新证据材料，亦不得新增拟依赖的证据说明。"这意味着当事人在书面证据提供程序上具有一定程度的影响力，即不经过当事人允许，新的证据将不得出现在仲裁庭上。其次，仲裁庭的选择也可由当事人决定。国际体育仲裁院反兴奋剂仲裁分院仲裁规则第 A14 条规定："若申请人已请求由三人仲裁庭（而非独任仲裁员）审理案件，并据此将该仲裁庭作为唯一审级，从而排除同一当事人之间就同一争议向体育仲裁院上诉分院提起进一步上诉的权利，被申请人应在收到启动国际体育仲裁院反兴奋剂仲裁分院程序请求后的七日内，声明是否同意该请求。若当事人就反兴奋剂仲裁程序的仲裁员人数未达成一致，则应由国际体育仲裁院反兴奋剂仲裁分院院长指定一名独任仲裁员审理。"该条规定意味着当事人有选择三人仲裁庭或者独任仲裁庭的权利，而且是只有在当事人没有达成一致的情况下，国际体育仲裁院反兴奋剂仲裁分院院长才可以作出相应处理。最后，在仲裁员的选择上，当事人同样具有相应的决定权。例如，国际体育仲裁院反兴奋剂仲裁分院仲裁规则第 A15 条规定："在国际体育仲裁院反兴奋剂仲裁分院办公室发出通知三天内，申请人应从国际体育仲裁院反兴奋剂仲裁分院仲裁员名册中提名一名仲裁员。该仲裁员一经指定，被申请人应在国际体育仲裁院反兴奋剂仲裁分院办公室发出通知的三天内从国际体育仲裁院反兴奋剂仲裁分院仲裁员名册中提名另一名仲裁员。如果申请人或被申请人没有在上述期限内指定仲裁员，则由国际体育仲裁院反兴奋剂仲裁分院院长进行指定，或决定将该争议问题移交给独任仲裁员。"综上所述，在国际体育仲裁院奥运会特设仲裁分院仲裁程序中，仲裁程序的动力源主要取决于仲裁庭的决定，当事人几乎没有选择的权利。相反，在国际体育仲裁院反兴奋剂仲裁分院仲裁程序中，程序的推进离不开当事人的抉择，凸显出当事人在仲裁程序中的主体地位。同时，当事人的积极参与也更能显现出民主权利意识，更能有助于当事人程序性权利的实现。

第二，权利救济机制存在差异。权利救济机制的差异主要体现在以下几个方面：一是救济机制路径上的差异。在国际体育仲裁院奥运会特设仲裁分院仲裁程序中，奥运会竞赛组织作出的各项决定或者处罚，运动员不能直接上诉至国际体育仲裁院奥运会特设仲裁分院仲裁机构，而应遵循体育行业的内部救济机制用尽原则。因此，国际体育仲裁院奥运会特设仲裁分院仲裁机构处理部分体育纠纷问题在某种程度上存在着间接性。但在兴奋剂争议问题中，不适用内部救济机制用尽原则。根据国际体育仲裁院反兴奋剂仲裁分院仲裁规则第A2条："当涉嫌违反反兴奋剂规则的案件提交至国际体育仲裁院反兴奋剂仲裁分院时，该分院作为一审机构负责开展程序并作出裁决，并对认定存在反兴奋剂规则违规的情形施加任何相应制裁。国际体育仲裁院反兴奋剂仲裁分院有权代表任何已正式将反兴奋剂程序及施加适用制裁的权力委托给该分院的《世界反兴奋剂条例》签署方，以一审机构身份就相关案件作出裁决。"由该条规定可见，其纠纷处理方式采用的是直接性原则，不存在其他前置性原则或规范要求。二是救济机制形式上的差异。在国际体育仲裁院奥运会特设仲裁分院仲裁机制中，救济机制形式为一次仲裁终局制度。仲裁庭可以当场作出终局裁决，也可以移交国际体育仲裁院常规机构作出终局裁决。而国际体育仲裁院反兴奋剂仲裁分院存在两种仲裁庭形式，即三人仲裁庭和独任仲裁庭，它们的救济机制各自不同。如果采用三人仲裁庭解决纠纷，则适用一次仲裁终局制度；若采用独任仲裁庭，则适用二次仲裁终局制度。三是救济机制影响范围的差异。由于国际体育仲裁院奥运会特设仲裁分院仲裁机构和国际体育仲裁院反兴奋剂仲裁分院仲裁机构处理纠纷问题的内容和性质不同，其影响的范围也不同。国际体育仲裁院奥运会特设仲裁分院仲裁机构处理的奥运会期间的体育纠纷一般都具有当场性，或者纠纷内容只涉及本届奥运会的参赛利益，如参赛资格纠纷、比赛结果争议等问题。但是兴奋剂争议问题则明显不同，它主要涉及的是参赛公平问题，因此处罚形式也极为严厉。为了保障竞赛公平，做到以儆效尤，处罚一般采用"严格责任原则"，其判决结果常常是取消比赛资格、比赛成绩以及规定禁赛期限等，故而，兴奋剂争议问题的仲裁处理不仅解决的是当下的赛事纠纷，这关乎运动员的未来。所以，兴奋剂争议问题的处理结果影响深远。

第三，程序性权利的制度保障效果不同。在国际体育仲裁院奥运会特设仲裁分院仲裁规则中，仲裁庭在仲裁程序的推进过程中具有主导地位，可以按照其认为适当的方式组织程序，而当事人没有相应的程序选择权。在这种情况下，当事人的程序性权利难以得到有效保障。在仲裁实践中，"为了保障仲裁速度，提高仲裁效率，仲裁庭通常以书面审理为主，结合必要的口头审理。即使是口头审理，也是以纠问式审理方式为主，从而加强了仲裁庭的程序推进能力"[①]。由此可知，在国际体育仲裁院奥运会特设仲裁分院仲裁程序中，对当事人程序性权利的保障取决于仲裁庭的裁量。与此相反，国际体育仲裁院反兴奋剂仲裁分院仲裁规则赋予当事人相应的仲裁程序选择权，如对仲裁庭、仲裁员的选择权，举证过程中的部分决定权等。因此，有了对仲裁程序的相应制度规定，当事人的程序性权利在一定程度上得到了有效保障。当然，奥运会体育仲裁制度的时限性要求、仲裁管辖的垄断，以及运动员自身证据获取能力的限制，均可能造成程序性权利的受限。

本章小结

本章以分析程序性权利保障存在的症结为基础，分析程序性权利行使之具体情况，对比了国际体育仲裁院奥运会特设仲裁分院和国际体育仲裁院反兴奋剂仲裁分院仲裁机制的异同之处，其目的是为奥运会体育仲裁中运动员的程序性权利保障提供理论基础。具体如下：

[①] 张春良：《论奥运会体育仲裁程序》，载《西安体育学院学报》，2007年第5期，第23页。

第一，在奥运会体育仲裁中，由于国际体育仲裁院奥运会特设仲裁分院和国际体育仲裁院反兴奋剂仲裁分院仲裁机制的不同，程序性权利受损的缘由也存在差异，具体表现为：在国际体育仲裁院奥运会特设仲裁分院仲裁制度中，程序性权利受到限制的原因主要是管理理念的冲突、仲裁权力的垄断，以及监督机制的乏力。而在国际体育仲裁院反兴奋剂仲裁分院仲裁制度中并不存在管理理念的冲突，运动员对兴奋剂案件的争议可以直接向国际体育仲裁院反兴奋剂仲裁分院仲裁庭申请仲裁。同时，由于国际体育仲裁院反兴奋剂仲裁分院仲裁程序能够较为充分地体现当事人的主体地位，尤其是其听证会制度保护了运动员仲裁参与的质询、质证、辩护等权利，有利于运动员程序性权利的实现。因此，国际体育仲裁院反兴奋剂仲裁分院仲裁规则在保护运动员的程序性权利上要略胜一筹。但是，该制度中仲裁权力的垄断和监督机制的乏力也使程序性权利受到一定程度的抑制。

第二，在奥运会体育仲裁中，运动员程序性权利的保障受到限制的情况具体表现为：在国际体育仲裁院奥运会特设仲裁分院仲裁规则中，运动员申请权受限，质证权、辩护权和知情权保障不足，申诉权制度缺失。其直接原因是仲裁时限要求、权力规定模糊和自由裁量权的存在。在国际体育仲裁院反兴奋剂仲裁分院仲裁规则中，申请权不受限制；对质证权、辩护权和知情权的保障略有进步，但依然不能完全保障其不受限制；申诉权制度缺失。该制度对运动员程序性权利保障的欠缺主要源于时间限制和制度强制性。

第三，在奥运会体育仲裁机制上，国际体育仲裁院奥运会特设仲裁分院和国际体育仲裁院反兴奋剂仲裁分院既有相同之处，也有区别。相同点表现为仲裁管辖权的强制性、仲裁机制的灵活性，以及仲裁结果的终局性。不同点表现在当事人参与的动力机制、权利救济机制和程序性权利的保障效果等方面。

第四章 奥运会体育仲裁中程序性权利保障机制优化的理念和原则

程序性权利的实现应当建立在程序正当的基础之上,而正当程序的设定则与奥运会体育仲裁机构遵循的价值理念及行为准则密切相关。正是理念上的相互冲突、原则上的各行其是,才最终导致运动员程序性权利受到不同程度的减损。因此,要想保护好运动员的程序性权利,解决好时间正义与程序正义的冲突,协调好权利实现与竞赛秩序的关系,就必须遵循社会公认的基本价值理念,践行好各种基本价值理念和行为准则。

第一节 奥运会体育仲裁中程序性权利保障机制优化的理念

程序性权利保障是维护实体性权利的前提和基础,要实现程序性权利,就必然要坚持正确的理念和科学的原则。理念是制度的灵魂。只有坚持正确的理念,掌握理念的真实内涵,才有可能形成理性、正义、为社会普遍认可的管理制度。柏拉图认为,理念世界是个真实的世界,但并不存在于现实世界的时空维度中,我们必须通过感官来察觉理念世界的存在,必须依赖于理性思维才可以理解和把握它。① 言外之意,理念不仅关系到对客观事物的概念定义,还关系到对客观事物的本质认知,是对事物规律性的把握。同理,要完成奥运会体育仲裁制度的优化任务,维护当事人的程序性权利,就必然要认清体育仲裁制度的本质,掌握体育仲裁制度的规律,从而提炼出正确的理念,并为坚持正确理念打下基础。

国际奥委会赋予国际体育仲裁院体育纠纷管辖权,这意味着国际体育仲裁院必须承担起维护当事人尤其是运动员程序性权利的责任。由于运动员在体育纠纷中特别是在纪律处罚中时常居于弱势地位,公平对待运动员的程序性权利就显得格外重要。同时,除了公平、公正执裁的基本要求之外,还要求国际体育仲裁院注重仲裁效率。有鉴于此,本书提出优化奥运会体育仲裁中程序性权利保障机制,在法律理念上应坚持从人权、公平、效率和秩序等多重视角出发,形成四位一体的价值理念模式,从而实现运动员程序性权利和竞赛利益兼顾的目的。

一、人权

人权意指人应当享有的作为人的各种权利。它是人类社会不懈追求的结果,并且随着人类社会的发展,人们能够享有的人权内容有不断扩张的趋势。② 人权源自社会的进步,发端于西方资产阶级反对封建特权和宗教神权的过程中,体现为人类对各种权利的诉求。③ 如格劳秀斯、霍布斯就是资产阶级反对特权和神权的代表。作为近代自然法学说创始人,格劳秀斯提出了资产阶级的普遍人权原则,认为是上帝赋予了人类管辖低级自然物的普遍权力。由于每一种物皆为共同之物且不可分割,所以每个人都可以取其所用和能消费的物质……除非犯罪,

---

① 乔晓春:《聆听柏拉图,你本身就是最棒的》,北京:北京联合出版公司,2016年版,第2页。
② 李步云主编:《人权法学》,北京:高等教育出版社,2005年版,第1页。
③ 鸿雁主编:《年轻人必知的2000个文化常识》,北京:中国华侨出版社,2014年版,第33页。

第四章　奥运会体育仲裁中程序性权利保障机制优化的理念和原则

否则不可用暴力夺走他人之物。这些普遍人权即生命权、自由权、财产权和所有权等权利。①霍布斯则认为，安全是人们最重要的权利之一，自我防卫是人的本性，没有人会放弃安全。安全权主要包括保全生命和获得财产两个方面。在没有危害国家的情况下，通过合法劳动可以满足生活上的各种需求。②伴随着资产阶级革命运动的发展，人权诉权被写进了各种革命性的文件或者纲领中，直至形成世界范围内的人权共识，如《独立宣言》《人权与公民权宣言》《世界人权宣言》《公民权利和政治权利国际公约》《美洲人权公约》《欧洲人权公约》《非洲人权和民族权宪章》《经济、社会、文化权利国际公约》等文件。从人权的发展历程来看，人类社会目前已进入第四代人权阶段。第一代人权指公民权利和政治权利，也称消极性权利，强调个人的自由权对抗国家的公权力，它以"天赋人权"为其理论基础。第二代人权指经济、社会和文化权利，它是由发展中国家提倡的，表现为权利平等的理念。第三代人权是集体人权。③第四代人权为和谐发展权，即人类只有一个地球，各个国家的命运紧密相连，合作共赢是当前国际社会发展的主流思想。和谐发展权强调国与国之间的关系、人与人之间的关系、人与自然之间的关系，只有协调好各种关系，人类社会才能更好地进步和发展。

奥林匹克运动的宗旨要求尊重人权。首先，这是对运动员尊严的维护。《奥林匹克宪章》第2条规定："体育运动要为人的和谐、人的尊严和社会和谐服务。"其次，这是对运动员体育参与权的尊重。《奥林匹克宪章》第4条规定："从事体育运动是一项人权。每个人都必须有权参与体育运动，且在奥林匹克运动的范畴内，不得因国际公认的人权相关的任何理由受到歧视。奥林匹克精神要求以友谊、团结和公

---

① 王岩：《西方政治哲学史》，北京：世界知识出版社，2010年版，第139页。
② 王洁：《社会安全管理概要》，北京：中国政法大学出版社，2015年版，第142—143页。
③ 徐显明主编：《国际人权法》，北京：法律出版社，2004年版，第6—7页。

平竞争的精神相互理解。"① 经过对体育领域人权的深入研究和探讨，我国学者提出了体育权利是基本人权的理论。只有把体育权利视为一种基本人权，一种与生俱来的自然权利，使其成为公民其他权利的基础和源泉，才能避免体育权利法定说和体育人权的理论逻辑相悖的情况。② 另外，在体育权利的保护模式上，陈华荣、王家宏指出，当前存在《全民健身条例》模式、《国际体育运动宪章》模式、各国宪法模式、各国体育法模式等四种类型。③ 每一种模式都旨在保障公民或者运动员参加体育运动的权利。因此，作为奥运会的体育仲裁机构，在处理竞赛纠纷时，更加应该尊重运动员的人权，公平对待每一名运动员，让他们公平参与比赛的权利得到保障。这样做既是对奥林匹克运动宗旨的尊重，也是维护运动员权益的必然需要。只有尊重人权，仲裁员才能做到居中裁判、执法公正。目前，已有很多相关国际公约对基本人权的保护作出规定。如《国际人权公约》A 公约第 15 条规定："本公约承认缔约各国人人都享有参与文化生活的权利。"就文化形态而言，它包括物质、思想、行为和制度四个维度的内容，体育运动作为一种行为方式本身就是一种文化，应受到该公约的保护。《公民权利和政治权利国际公约》第 26 条规定："法律平等待人、权利平等保护、人人不受歧视。"④ 总之，人权保护是国际共识，在维护运动员程序性权利过程中，奥运会特设仲裁机构管理者应当树立起人权理念，以保证奥运会体育仲裁制度优化的正确方向。

二、公平

公平是人们对社会行为方式或事实结果的一种价值认知，标准不

---

① International Olympic Committee, *Olympic Charter*, Switzerland, 2018.
② 陈华荣、王家宏：《体育的宪法保障——全球成文宪法体育条款的比较研究》，北京：北京体育大学出版社，2014 年版，第 168 页。
③ 同①，第 174—180 页。
④ 《公民权利和政治权利国际公约》，https://www.un.org/zh/documents/treaty/files/A-RES-2200-XXI-2.shtml。

第四章 奥运会体育仲裁中程序性权利保障机制优化的理念和原则

同,内容也就各异,如经济上的分配公平、司法中的程序公平、体育竞赛中的参与机会公平等,并且公平有时还会与公正、平等等词互用。尽管如此,公平、公正和平等的重心又明显存在区别。公平作为一种社会评价,突出的是人们对社会行为或事实结果的价值评定或要求,公平与否则决定了人们的满意程度。马飞等人认为,公平与否全凭当事人的主观判断,公平是指态度或行为方式,体现在资源的分配上或者社会成员的关系上;① 也有学者认为,公平有时也指按照一定的社会标准,如伦理道德、国家政策、法律制度以及正当秩序等内容合理地待人处事。公正一般是对管理者或者有权机关的要求或评价,只有管理者或者有关机构行事公正,才可能形成公平的事实认定或行为判断,从而得到人们的普遍认可。反之,如果管理者或者有关机构走向公正的对立面,就难以形成公平的事实认定或行为判断,人们对评判结果的认可度相应就会降低。平等则通常反映人们对人权的诉求。要求的是尊严得到维护,利益得到保障,同样问题应当受到同样对待。

在奥林匹克运动中,团结、友谊、和谐、进步的思想得到大力弘扬,但这必须建立在公平、公正的竞争之上。竞赛前运动员竞赛参与机会的公平、竞赛过程中赛事规则的公平、竞赛结果中评价标准的公平是保证奥运会竞赛和谐的基本准则。然而,这些公平的原则又时常被打破。例如,参赛资格纠纷是奥运会中一类比较突出的案件类型,在近几届奥运会中该类型案件数量呈递增趋势,2008年北京奥运会、2012年伦敦奥运会、2016年里约奥运会的参赛资格纠纷案件数量分别为6起、9起、24起。② 为了恢复竞赛秩序,国际体育仲裁理事会在奥运会举办地专门设置了国际体育仲裁院奥运会特设仲裁分院仲裁机构和国际体育仲裁院反兴奋剂仲裁分院仲裁机构来处理各类体育纠纷。2018年平昌冬奥会中杰弗里·齐纳诉黎巴嫩奥委会一案便是如此。

---

① 刘思强:《垄断企业营销道德测评及影响》,北京:经济管理出版社,2016年版,第68页。
② 谢明:《奥运会参赛资格案的国际仲裁审查原则探析——从CAS的案例出发》,载《法学评论》,2016年第6期,第136页。

在该案中，高山滑雪选手齐纳获得参赛提名，同时获得最好的国际滑雪和单板滑雪联合会综合排名，但最终未能如愿参加2018年平昌冬奥会，从而走向仲裁维权之路。起初，在2017年9月5日，黎巴嫩滑雪联合会向黎巴嫩奥委会发送了一封电子邮件，通知其可能被提名参加2018年平昌冬奥会的运动员、教练和支持人员的姓名，以在2018年1月22日排名结束前达到国际滑雪和单板滑雪联合会积分要求的运动员为准。齐纳虽然错过了黎巴嫩滑雪锦标赛，但却与贝洛克一起被列入了名单。然后，依照国际滑雪和单板滑雪联合会积分排行榜，虽然齐纳在大回转比赛中的排名略低于贝洛克，但却获得了黎巴嫩男子最好的综合积分。但是，齐纳最终依然落选。为此，齐纳以黎巴嫩奥委会、国际滑雪和单板滑雪联合会、贝洛克为被申请人向国际体育仲裁院奥运会特设仲裁分院申请仲裁，以获取2018年平昌冬奥会的参赛资格。本案展现出参赛运动员和赛事管理组织者的权利在仲裁庭上的不对等。这涉及三个方面的原因：一是国际奥委会是奥运会参赛资格管理的赋权者；二是黎巴嫩奥委会是运动员参赛资格的制定者和管理者；三是运动员是权利受到限制的被管理者。在仲裁过程中，尽管仲裁程序看似公正，但却存在着实质的不平等。在整个事件过程中，运动员既无制定参赛规则的权利，也不享有充分的信息知情权，更无实际的举证能力。这正如赫伯特·西蒙所认为的，以程序正当性确保实体正当性的前提是决策者必须获得关于案件决定性内容的足够信息。[①]因此，维护运动员的权利需要程序正当和实体正当二者兼顾，公平正义才能得到保障。

综上所述，作为奥运会专门仲裁机构，国际体育仲裁院奥运会特设仲裁分院和国际体育仲裁院反兴奋剂仲裁分院仲裁庭在尊重客观事实的基础上，必须做到执裁公平、程序公平和结果公平，才能真正维护好运动员的权益并快速恢复奥运会竞赛秩序。所谓执裁公平，就是

[①] 乔瓦尼·萨尔托尔著，汪习根、唐勇、武小川等译：《法律推理——法律的认知路径》，武汉：武汉大学出版社，2011年版，第167页。

要求仲裁庭具备独立、中正的特性,各仲裁员在执裁过程中必须独立作出自己的价值判断,不受其他任何机关干涉,不受双方当事人情感因素的影响。同时还要避免各种不公正的嫌疑:如私下会见有利害关系的当事人并收受对方的礼品,与当事人有共同的利益关系,与当事人有亲情关系,或者与当事人存在影响执裁公正的其他关系等。[①] 程序公平是指程序设置不因人而设,应预先设立、依法建立,并且要求科学、严谨、规范、合理,能够使当事人的尊严得到有效维护,使当事人的合法权益得到公正维护。美国学者阿伦森等人认为,人们遵守法律的一个理由固然是害怕被捕,然而,更为重要的一个理由却是道德价值观念的制约。这个道德价值观念就是人们对程序公平的判断。例如,很多人遵守税法是因为他们认为欺骗行为是错误的,而并非害怕因欺骗受到惩罚。[②] 最后,结果公平是定纷止争的关键。结果公平主要体现的是过错与处罚相当、行为与责任对应。假如运动员服用了兴奋剂,那么根据奥运会体育仲裁的严格责任原则,必须取缔其比赛资格,否则就是对其他运动员的不公平。对于他服用兴奋剂的行为,应根据他是主动还是被动的,以及其行为的过错程度进行罚当其责的处治。只有过错与处罚相当,才能体现出仲裁结果的公平。若处罚不当,则不仅会造成仲裁结果的不公,也不利于奥运会的健康发展。另外,结果公平不能被误认为是责任的平均分配或处罚的共同分担,那样,竞赛的处罚就会失去应有之义。

三、效率

效率一词最初来源于拉丁语词汇,意为有效。我国《辞海》将其定义为消耗的劳动量与所获得的劳动效果之比例。《汉语大词典》对效率的概念进一步提炼和升华,总结为单位时间内的工作量。美国经济

[①] 宣善德主编:《律师公证与仲裁制度》,北京:中国政法大学出版社,2005年版,第253页。
[②] 埃略特·阿伦森、提摩太·威尔逊、罗宾·埃克特著,侯玉波译:《社会心理学》(插图第7版),北京:世界图书出版社,2012年版,第583页。

学家保罗·萨缪尔森（Paul A. Samuelson）则认为效率是一种经济运行状态，意指社会资源的优化配置能力。[①] 由以上定义可知，效率概念与社会的经济生产及资源的分配利用密切相关，它是反映社会经济生产中投入和产出的比例关系，以及如何来保证投入和产出的高效的能力。但是，随着社会的发展，效率一词不只局限于社会的经济生产领域，而是广泛渗入社会生活中的各个层面，如工作、学习、服务、教育、管理、军事、科技、体育等领域。正如我国学者周平轩认为，效率的本质内涵就是指各种系统运动演化过程中投入与产出之间的价值转换问题。并且该系统内容可以体现在自然、社会、微观、宏观等各个方面。[②]概言之，当前的"效率"一词已不再简单地指经济方面的物质生产，而是一个包括物质生产和社会生活各个层面的功利性评价的词汇。

首先，效率作为经济学理论的基本价值考量因素，其承载的功能是为社会的再生产提供决策性参考、依据或标准。只有通过社会生产效率的比对，社会生产系统才能明确自身生产系统的优劣，从而促进社会生产系统的管理阶层优化生产方式或改进生产计划，以提高社会产品的产出效果。离开效率评估的社会生产，不仅可能导致无功而返，甚至还可能造成社会资源的过度消耗。其次，帕累托提出的帕累托效率重点强调资源配置的重要性。他认为，当社会生产达到最优状态，也即所谓的帕累托最优状态认为，任何改变已不再可能使状况变好或者变坏，此时的资源配置就是最优配置。再次，效率作为一种人们不懈追求的价值存在还受制于资源的有限性，即资源的稀缺性，这也是提高效率的价值意义所在。当然，资源的稀缺性也不再是对自然资源的简单所指，任何社会资源在一定时间内都会存在这种相对匮乏的情况。因此，追求效率也就不再是仅局限于经济领域的价值考量。在现

[①] 郭威：《银行业竞争与效率研究：基于市场结构的视角》，北京：中国财政经济出版社，2013年版，第75页。

[②] 周平轩：《论公平与效率——关于公平与效率的理论分析和历史考察》，济南：山东大学出版社，2014年版，第95页。

第四章 奥运会体育仲裁中程序性权利保障机制优化的理念和原则

实社会生活的各领域中,资源的稀缺性和机会成本的存在迫使人们纷纷追求资源配置的效率,并把它作为社会行为选择的一种标准。[①] 例如,在司法领域,效率也可被应用到法律的评价范畴之内。把效率引入法治领域是亚当·斯密的首创,他试图通过对法律的经济学分析,促进法律资源的充分利用,避免法律资源的浪费,从而产生法律上的效率。[②] 金融系统的效率要求主要包括:一是监管人员要用较小的负担方式实现监管目标,使监管成本降至最低;二是银行监管目的不是压制竞争,而是促进公平竞争,为银行业发展创造良好的外部环境,提高银行业的整体效率,促进银行业的稳定发展。[③]

在竞技体育领域,更需要重视效率的价值作用。由于竞技体育比赛的即时性和竞赛时间的有限性特征,提高体育纠纷的解决效率是维护竞赛正义的必然举措。这样做既是满足运动员维护自身权利的要求,也是实现竞赛秩序安定的需要。因此,仲裁效率肩负着维护当事人的利益和保证竞赛秩序稳定的双重任务。仲裁效率的衡量标准是仲裁速度,是对仲裁时间的严格控制。鉴于此,有学者将体育仲裁的正义称为时间正义。时间正义在竞技比赛中得到很多学者的认同,从某种程度上来说,脱离时间正义的正义对竞赛来说不是正义,而是非正义,因为它不仅已于事无补,甚至可能会影响一名运动员的终生竞赛机遇。从奥运会的仲裁规则中可以得知,仲裁机制具有司法上的强制性,这是任何其他自治行业的仲裁制度都无法比肩的。仲裁协议签署的强制性、仲裁程序的主观任意性、仲裁结果的一次仲裁终局性、管辖权的绝对统一性等措施均是以提高仲裁机制的效率为目的,是为保证奥运会的竞赛秩序服务的。但是,司法强制性在保证仲裁效率的同时又忽略甚至伤害了运动员的相关权益,尤其是程序性权利。因此,本书认

[①] 董立平:《高等教育管理价值通论》,厦门:厦门大学出版社,2014年版,第206页。
[②] 张红宇:《公平与效率视域下我国政府经济行为研究》,沈阳:东北大学出版社,2013年版,第27页。
[③] 王婉婷:《中国商业银行差异化监管研究——基于监管效率的视角》,北京:首都经济贸易大学出版社,2016年版,第9页。

为，仲裁的速度、效率必须以公平、正义为前提。在注重仲裁效率的同时，公平和正义也应当维护。

总之，在奥运会的体育仲裁过程中，没有正义的效率不是真正的效率，没有效率的正义也不是正义。正义和效率二者相辅相成，应该兼顾。

四、秩序

秩序通常表现为人类社会所追求的具有一致性、连续性、确定性意义的某种结构、过程或模式，堪称管控和保障各种社会组织系统不可或缺的因素。无论是自然生态系统还是人类社会组织系统，都需要稳定和谐的秩序才能更好地存在和发展。国际体育仲裁院奥运会特设仲裁分院仲裁庭和国际体育仲裁院反兴奋剂仲裁分院仲裁庭肩负着维护奥运会秩序的重要责任。

秩序一词有着多重含义，它依随历史的变迁和语境的不同而不断改变。根据我国《汉语字典》中的解释，其意为次序、规则、条理。[①] 首先，次序之意是秩序的基本解释，或者说是客观现实状态下的字面含义，它表明事物排列的前后顺序或者操作过程的先后顺序。根据我国传统解释，秩有常态的意思，序则是指排列方式，即排列的先后。其次，规则之意反映秩序一词的语义演变，它强调的是对社会行为或者过程的管理和制约，体现出人类社会的主观倾向性。它不再仅仅局限于顺序上的客观性排列，而是要求人们遵守一定的秩序（规则），同时，违反秩序（规则）还会面临相应的责罚。可见，秩序的词义已由客观状态下的排列形式向主观状态下的规制要求发展演化。马克思主义认为，秩序是社会关系、社会规则、行为规范的总称，是按照统治阶级的意志构建而成的。通过构建各种秩序形式，可以达到

---

① 参见辞海之家《汉语字典》"秩序"词条，http://www.cihai123.com/cidian/1082087.html。

第四章　奥运会体育仲裁中程序性权利保障机制优化的理念和原则

国家在社会、政治、文化和经济等领域正常运行的目的。① 最后，秩序还引申为条理、稳定、安全等不同的状态。作为引申状态，它既可以是对次序的状态的表达，也可以是对规则的情状的体现。次序的状态可以用是否有条理进行解释，比如排列是否秩序井然，操作程序是否有条不紊等；规则的状态可以体现为安全、稳定等形式。关于安全、稳定等的秩序形态，马斯洛曾指出，我们社会中的普遍成年者，一般都倾向于安全的、有序的、有组织的世界，而且在他所倾向的世界上，混乱危险的事情不会发生。② 再如，房广顺在《中国国际战略思想新论》中指出，国际秩序就是指国际社会中的国际行为主体之间，围绕既定目标，依据相应规则，在相互斗争和妥协的基础上形成的运行机制。③ 综上所述，秩序具有主客双重含义且有多重词义。主观方面主要体现为人类社会对客观事物或者过程的秩序的希望和要求，如安全、稳定、和谐；客观方面则表现为客观事物或过程自身存在的秩序形态。当然，客观的秩序是混乱还是整齐有序还需要人为的断定。

奥运会竞赛秩序同样表现为主客观两个方面：主观秩序属于社会期待，受各赛事组织的调处、管理和制约，其主要调处机构是国际体育仲裁院；客观秩序通常是指既定的比赛秩序，由竞赛的规程规定或者维持。在奥运会中，维护竞赛秩序稳定的依据是客观秩序标准，即竞赛规程，维持竞赛秩序稳定的效果则依赖于主观秩序的调处和裁定。换言之，奥运会的顺利进行离不开竞赛秩序的稳定，竞赛秩序的稳定又需要国际体育仲裁院的调处来保障。由于竞赛日程具有预设性和固定性，因此，竞赛秩序的稳定就要求竞赛项目必须严格按照竞赛日程的规定有序进行。当前，造成竞赛秩序紊乱的主要原因并非物质环境条件等客观因素，而是竞赛中产生的各种体育纠纷。因此，要想维护

---

① 代华琼：《在权利与秩序之间：新自由主义与新保守主义政治哲学批判》，上海：上海三联书店，2016年版，第147—149页。
② 董立平：《高等教育管理价值通论》，厦门：厦门大学出版社，2014年版，第241页。
③ 房广顺编著：《中国国际战略思想新论》，沈阳：辽宁大学出版社，2006年版，第79页。

· 119 ·

竞赛秩序的安定，快速解决体育纠纷是关键。国际体育仲裁院肩负着奥运会定纷止争的重要任务，其维护秩序稳定的支柱则主要在于自身公平、公正的价值品性以及仲裁机制的高效。首先，公平、公正是提高仲裁效率的基本条件。一方面，公平是解决体育纠纷并平息当事人矛盾的前提。只有裁决做到了公平对待体育纠纷中的当事人，处理结果才能让当事人真正信服，才能从根本上保障竞赛秩序的稳定。另一方面，公正是仲裁庭裁决公平的基础保障。它意味着仲裁庭不偏不倚、居中裁决。同时，公正还要求程序正当，尊重各方当事人权利。其次，效率是竞赛秩序的直接保障。竞赛规程有严格的时间限制，仲裁速度是竞赛秩序的时间保障，因此，提高仲裁的效率是保障竞赛秩序的关键。为了保障竞赛秩序的稳定，国际奥委会赋予国际体育仲裁院独立的仲裁管辖权，国际体育仲裁理事会又先后制定了国际体育仲裁院奥运会特设仲裁分院仲裁规则和国际体育仲裁院反兴奋剂仲裁分院仲裁规则，以保障仲裁效率、稳定竞赛秩序。仲裁规则的强制性为提高仲裁速度奠定了基础，国际体育仲裁院奥运会特设仲裁分院仲裁规则要求仲裁必须在 24 小时内完成，因此国际体育仲裁院奥运会特设仲裁分院仲裁程序大量缩减。尽管有学者认为，有证据表明仲裁时间可以适度延长以保障仲裁的科学性和合理性，但目前奥运会体育仲裁制度要求尚未改变。在国际体育仲裁院反兴奋剂仲裁分院仲裁程序中，如果不举行听证，仲裁申请的答辩回复就可以有两次；如果举行听证，则回复仅有一次，这种程序规定同样反映了国际体育仲裁院反兴奋剂仲裁分院仲裁程序的效率要求。

综上所述，在奥运会的仲裁实践中，竞赛秩序是主线，仲裁公正是灵魂，仲裁公平是手段，仲裁速度是关键。为了维护竞赛秩序，国际体育仲裁院奥运会特设仲裁分院和国际体育仲裁院反兴奋剂仲裁分院仲裁庭必须保持应有的公平、公正价值观念。国际体育仲裁院奥运会特设仲裁分院和国际体育仲裁院反兴奋剂仲裁分院仲裁庭的公正是公平的主心骨，它可以保障执裁的公平，以公平的手段来解决纠纷，从而维护竞赛秩序的安定。脱离公平的仲裁过程，既不能保障运动员的相关权利，也不能有效维护稳定的竞赛秩序。总之，仲裁速度是保障竞赛秩序的关键，但其必须建立在公平、公正的价值基础之上。

第二节 奥运会体育仲裁中程序性权利保障机制优化的原则

奥运会体育仲裁中程序性权利保障机制的优化不仅需要正确的理念作支撑，而且离不开科学原则的保驾护航。目前，根据奥运会体育仲裁中程序性权利保障机制优化的既定理念设立相应的行事原则，是保障运动员程序性权利的重要途径。本书提出应坚持以下四条原则，即以人为本原则、主从协调原则、内外结合原则和程序公正原则。

一、以人为本原则

以人为本的思维理念已深入人心，并得到社会的广泛认同，成为指导社会行为的基本准则。以人文本的思想并非近代提出的，而是古已有之，但不同的时代会有不同的解读。早在西周时期，周武王姬发就提出"民为邦本，本固邦宁"的观点，并且认为人乃万物之灵。春秋战国时期政治家管仲在《管子·霸业》中提出"夫霸王之所始也，以人为本，本治则国固，本乱则国危"。我国古代的"以人为本"思想对人民的存在价值和社会的发展具有一定的积极意义，激励人民在现实生活中追求人的发展、实现人的价值、保护人的尊严，从而有助于社会的发展进步。

西方社会在古希腊时期提出"天赋人权"理念，并指出人权具有神圣不可侵犯性，这与以人为本的思想理念要求有异曲同工之处，只不过其对权利的要求建立在自然法基础之上。伴随商品经济的发展和人文主义的兴起，自然法学由以宗教、神学为基础转移到科学的推理和实证之上，对人权的诉求也由上帝赋予转为人类自身的应然要求。公民权利也就成为公民应当享有的自然权利、应然权利，而非外界所赐。权利意识的提高有助于人权事业的发展，也能够促进制度的发展完善。不过，由于西方的人权思想建立在资产阶级的利益之上，以推翻封建特权为主要目的，因此，并非真正为了保护人的权利和完全实现人的全面发展。①

当前，以人为本是指人的自由全面发展，是基于资本主义社会矛盾不断爆发的背景，在马克思对黑格尔"理念的人"和费尔巴哈"自然的人"两种理论的批判基础上形成的。②马克思主义认为，人的自由全面发展指每个人都能得到自由、平等、完整、和谐的发展。在发展的过程中，人的潜能、活力、社会关系、自由个性、道德等方面将不会受到任何阻碍。全面发展成为人的发展目的本身，人的发展不是仅仅局限于某个规定上，也不是存在于某种层面上，而是发展或者生产他的全面性。同时，人的发展也不会停留在某个既定目标上，而是成为另一个发展起点。因此，也可以说，人的发展处在绝对的运动中。③

在奥运会中，为保障体育纠纷解决的公平、公正性，国际体育仲裁院必须坚持以人为本原则。通过践行以人为本可以促使国际体育仲裁院在思想上注重运动员的自由全面发展，行为上关注运动员的人格尊严，实践中保障运动员的体育权利。在奥运会竞技比赛中，竞赛规则除外原则导致技能上的判罚不当不能得到有效解决，这不符合以人为本，更不能实现有权利就有救济的法治思想。国际体育仲裁院不愿管辖技术性体育纠纷主要有两方面原因。一方面，国际奥委会不同意其他外部组织部门管理技术性争端，其理由是体育行业外部组织不具备相应能力，技术性问题只能由体育行业内部组织加以判断处理。另一方面，国际体育仲裁院只愿意解决法律事务性纠纷。但是，如果依据以人为本原则，真正维护好运动员的相关权益，国际体育仲裁院非

---

① 李步云主编：《人权法学》，北京：高等教育出版社，2005年版，第28—30页。
② 吕世伦、周世中主编：《以人为本与社会主义法治》，西安：西安交通大学出版社，2016年版，第63—65页。
③ 中共中央马克思恩格斯列宁斯大林著作编译局编译：《马克思恩格斯全集》（第三卷），北京：人民出版社，1960年版，第515页。

常有必要接受技术性纠纷的仲裁申请,但必须有两个基本前提:一是国际奥委会同意将技术性纠纷交由国际体育仲裁院处理;二是国际体育仲裁院具备解决技术性体育纠纷的能力。国际体育仲裁院要解决技术性裁决的争议,除了要掌握法律知识,还要能理解体育专业技术及其原理。只有通过专业技术上的理论分析才有可能明确技术判罚的正误,从而为法律上的裁决提供依据。如果仲裁员既掌握法律知识,又熟谙运动技能及其原理,就可以相应突破竞赛规则除外之原则。因此,为保障仲裁结果的公平、公正,国际体育仲裁院可以考虑把仲裁员分成两批来完成仲裁任务,一批仲裁员专门负责技术性纠纷,另一批负责法律性纠纷。如果仲裁员均具备以上技能,并能够较好地运用,也可以合二为一。

总之,坚持以人为本原则,是维护运动员权益的必然要求,是国际体育仲裁院奥运会特设仲裁分院和国际体育仲裁院反兴奋剂仲裁分院仲裁庭工作的重要原则。只有国际体育仲裁院奥运会特设仲裁分院和国际体育仲裁院反兴奋剂仲裁分院仲裁庭坚持以人为本原则,才能有希望突破竞赛规则除外原则的限制,从根本上保障运动员的程序性权利。当然,如果现有条件不足以突破竞赛规则除外原则,那么我们可以审慎考虑把一些影响重大的案件列为例外情况,特事特办,以保障运动员的竞赛利益,实现以人为本原则。

二、主从协调原则

主从协调原则是指在奥运会体育纠纷的仲裁过程中,针对程序正义与时间正义之间的矛盾与冲突,应坚持时间正义优先,兼顾程序正义的原则。在仲裁过程中,遵从时间正义原则是竞赛秩序稳定的根本保障,仲裁庭要维持奥运会的正常秩序就必然要提高仲裁的速度,这是实现时间正义的必由之路,但与此同时也会遏制仲裁机制中程序正义理念的践行。为了保障运动员的权益,有必要进行仲裁机制的优化,协调程序正义和时间正义理念的冲突,尽最大可能维护运动员的程序性权利。

　　程序正义之治意味着正当程序之治，它要求正义必须以看得到的方式——程序来实现。①程序正义一词出自1215年英国的《大宪章》，在1689年得到美国《人权法案》的重申和发展，并被《世界人权宣言》作为国际社会人权保障的原则加以确认。它的理论基础是为限制公共权力，即在公民的权利受到剥夺时，公权力应受到法律程序的制约。在奥运会体育纠纷仲裁过程中，仲裁庭必须坚持正当程序之治。同时，其不仅要考虑体育争议各方当事人的权利，还要关注竞技比赛的时间秩序。对此，仲裁庭必须在程序正义和时间正义何者优先的问题上作出权衡。当前，在时间正义和程序正义理念何者优先的争论中，时间正义事实上一直占据着上风。

　　实现实体正义是法律制度的首要目的，只有实体正义得到伸张，社会秩序才能真正稳定。德国法学家拉德勃鲁赫认为，法的理念包括正义、功效、确定性，且正义优先于功效和确定性。新康德主义的法学代表斯塔姆勒同样强调法的正义性，认为实体法必须符合社会理想。②法律意义上的实体正义通常包括分配正义、均衡正义和矫正正义等内容。那么，奥运会体育仲裁也同样必须以实体正义为价值目的，切实维护当事人的实体性权利。为实现实体正义，奥运会仲裁庭必须协调好程序正义和时间正义之间的关系。首先，应强调时间正义理念的优先性。其次，兼顾程序正义。坚持时间正义理念优先并不是放弃程序正义，而是要求在正当程序的基础上，努力保障实体正义要以看得见形式来实现。因为只有实体正义的实现才意味着运动员的利益得到真正维护，当然，这也是奥林匹克运动的宗旨和精神追求。总之，坚持时间正义必须兼顾程序正义。最后，兼顾程序正义的理念必须实现仲裁程序的系统化、科学化和简约化。程序正义理念依然是为了快速、有效地维护当事人的权益，而不是形成"迟来的正义"，所以，仲

---

① 宋涛：《守护正义：西方司法之路》，长春：长春出版社，2016年版，第184页。
② 张文显：《二十世纪西方法哲学思潮研究》，北京：法律出版社，2014年版，第136—142页。

裁程序的系统化、科学化和简约化设计是必然之举。仲裁程序的系统化是指按照一定的排列顺序进行仲裁流程设计，该设计流程要保障仲裁程序内容系统完整并且环环相扣。科学化则是指每个仲裁环节都要解决相应程序问题，整个过程既要真实反映案件事实因果关系，又要符合案件审理的逻辑认识规律。简约化则要求仲裁程序必须满足最基本正当程序标准。仲裁程序的简约化要做到既能适当保障仲裁速度，又可保障当事人的权利。故此，仲裁程序的缩减应以必要性为前提，实施过程中必须坚守最低正当程序标准，即主持者中立、当事人知情权保障、当事人听证权保障。

三、内外结合原则

内外结合原则是指在程序性权利保障机制的优化过程中，不仅要对内部仲裁机制进行优化，还要对外部体育行业组织内部救济机制进行优化。通过内外救济机制优化相结合的方式，积极稳妥地维护运动员的程序性权利。外部救济采用一次性救济原则，内部救济采用二次救济原则。由于本书重在探讨奥运会体育仲裁中运动员的程序性权利维护，故而把体育仲裁机制称为内部机制，体育行业救济机制称为外部机制。

第一，外部救济机制。众所周知，有关奥运会中各竞赛组织管理者如国际奥委会、国家奥委会，以及各国际单项体育联合会等组织机构实施纪律处罚所产生的体育纠纷，奥运会仲裁机构通常会遵循体育行业内部救济机制用尽的原则，其首要目的是尊重体育行业的自治管理，以便体育行业的自我完善和发展。然而，即便该目的具有合理性，体育行业自治的消极作用也不容小觑，那就是体育行业自治极易形成权力垄断，继而导致管理上的恣意妄为，进而伤及运动员权益。故此，本书提出，体育组织内部管理宜采用一次性救济原则，首先，这样既能维护体育行业的管理自治，又有利于体育行业的自我发展，同时还可以避免权力的垄断和滥用。一次性救济原则有助于提高体育纠纷解决的效率。如前所述，运动员在行业内部救济过程中既是被管理者又是被处罚对象，双方力量处于不平衡的关系状态中，在双重力量的压制之下，运动员只能被迫接受处罚，即便是内部救济机制用尽，其结果也基本是维持原判。从另外一个角度来看，内部救济机制用尽还会给运动员造成人力、财力、物力的损失和精神方面的压力。一次性救济原则则不同，它会极大减少管理者和被管理者力量不平衡造成的影响。其主要原因如下：一是限制了行业内部救济机制的数量。内部救济机制数量的减少会节省运动员的人力、物力、财力和精力。二是缩短了申请仲裁的时间。对于内部救济层级较多的体育组织来说，一次性救济原则有利于尽快通过外部机构进行维权。并且外部机构通常具有中立性，裁决的结果将更有说服力，这在一定程度上提高了体育纠纷解决的效率。其次，一次性救济原则也有利于维护体育行业自治权利。采用一次性救济原则表面上看是减少了体育行业的自治管理权，而实际上，一次性救济原则是在真正意义上维护体育行业的自治权利，其原因在于：体育行业自治并不完全具有合理性。体育行业自治本身就是在做自己案件的法官，这与自然法的正义理论相悖，因此，从公平、正义的角度来看，其并不具有合理性。那么，多层级的内部救济机制非但不能体现公平、公正性，反而会阻碍体育行业的良性发展。因此一次性救济原则一方面能够维护体育行业的自治管辖权；另一方面能够促使体育行业的管理组织进行改革。如若不然，体育争端只能交由外部仲裁机构处理。综上分析可知，体育行业组织内部采用一次性救济原则，可以说是一举三得。一是可摆脱内部救济机制用尽原则的不合理性，二是可促使体育自治组织优化自身的救济措施，三是有利于运动员仲裁申请权利的行使。

第二，内部救济机制。内部救济是指由于奥运会特设仲裁分院仲裁庭程序不公而产生的权利救济。它包括程序性权利、实体性权利的双重救济。在实践中，内部救济机制就是建立二次仲裁机制。

建立二次仲裁机制的目的是通过二次仲裁的形式救济运动员的程

序性权利,并在程序性权利实现的基础上维护运动员的实体性权利,真正做到程序性权利和实体性权利救济二者兼顾。该机制对运动员程序性权利的维护包括两个层面:一是一次仲裁直接保证程序正义。一次仲裁中通过加强监督、优化制度管理、保障仲裁程序公正,实现运动员的程序性权利。二是二次仲裁救济维护程序正义。即通过二次仲裁纠正一次裁决中的程序不公。二次仲裁的优点表现在:一是可以快速有效保障运动员程序性权利的实现。通过二次仲裁,运动员的程序性权利可以直接得到救济,避免了过去运动员程序性权利被侵犯却无从救济的尴尬局面。二是间接有助于运动员实体性权利的实现。程序正义是实体正义实现的基础,有了程序性权利得到保障,有助于运动员实体性权利的实现。当然,二次仲裁机制也有需要密切注意的地方,那就是对仲裁时间的精准把控,以及如何消除对运动员竞赛的影响等问题。

综上所述,通过内外结合的救济原则,一方面,可以最大程度上方便运动员进行仲裁维权,同时也不失体育行业组织的自我管辖权力;另一方面,在仲裁实践的过程中,二次仲裁能够更好保障运动员的程序性权利,为实体性权利实现创造了条件。

四、程序公正原则

程序公正是与实体正义相对应的概念,是对法律程序内在价值的要求,是当代法治社会普遍价值观念的反映。在社会生活中,实体正义的实现需要公正的法律程序,离开了公正的法律程序,实体正义的实现就如同神话。[1] 美国大法官道格拉斯认为,法治与人治的根本差别就在于法律程序的正当性。遵守严格的程序是我们享有正义的主要保证。有鉴于此,程序公正原则就是要求有关执法机关或其他管理机构在解纷过程中遵循正当程序标准,把正当程序作为解决法律问题的必

---

[1] 张光杰主编:《法理学导论》(第2版),上海:复旦大学出版社,2015年版,第128页。

须手段，以保障社会实体正义的充分实现。

（一）程序公正理念的诠释

法律问题的解决需要通过一定的程序，程序的正当与否是解决法律问题的关键所在。因此，对程序公正的研究也就成为法学界的一项重大课题。李昌盛认为，程序公正的研究思路主要有两种：一种是以社会的客观存在为基础；另一种则是以公民的主观判断为依据。在客观存在方面，研究者主要从三个方面加以研究，即社会伦理、普世价值和宪法原则，通过社会伦理中的"善"、普世价值中的"自然正义"，以及宪法中的"正当程序"演绎推理出相应的基本要素作为衡量程序公正的具体指标，并对法律程序提出改进的建议；在主观判断方面，通常是根据诉讼参与人和其他公民对程序的主观认识加以评定，从社会心理学的角度研判程序公正与公民之间的关系及其相互影响。[1]

由于从客观存在中提取的程序指标具有"绝对真理"的性质，故对其的研究又被称为"客观程序公正"的研究。对客观程序公正进行研究的主要代表人物为西方的萨默斯和贝勒斯两位学者。萨默斯从"善"的社会价值出发总结出参与、程序和平、程序合法、终结性等十大要素。贝勒斯则从"自然正义"出发归纳出和平、自愿、公平、及时和止争等七项原则。但是，制定出客观性的程序公正标准并不意味着任务就此完成，公正与否还需要接受社会的主观评判。客观程序的内容和性质的主观判断是社会心理学研究的范畴。社会心理学研究的主要专家有希伯特、沃克尔、泰勒、林德等人，他们对程序公正理论的研究作出了重要贡献。泰勒和林德等人认为，中立、尊重和信任是判断程序公正的三项核心要素，并指出它们在程序过程中的作用，他们还特别强调了程序公正的标准会随着环境的变化而不同。换言之，程序公正的客观要素指标并非绝对适用于社会，它的公正性会因公民

---

[1] 李昌盛：《刑事审判：理论与实证》，北京：中国民主法制出版社，2015年版，第5页。

的认识水平不同而不同，也会因环境的改变而变化，更会因诉讼性质的不同而产生不同的价值标准要求。另外，除了法学家拟定的正当程序标准之外，国家司法机关的正当程序内容也有相关的强制性规定。如果执法机关或者管理机构违反正当程序的强制性规定，该判决就会受到法律的相应制裁，如撤销、改判、发回重审、不予执行等。

综上所述，程序公正是客观程序的公正标准在社会主观上的心理认同，表现为主客观认知在正当程序上的交互性、一致性和发展性。换句话说，客观存在的正当程序标准需要并且必须得到社会的主观认同，不同的诉讼程序有着各自的正当程序标准。否则，就不能称之为正当程序。

（二）程序公正原则的仲裁实践

在国际体育仲裁院奥运会特设仲裁分院仲裁机制中，运动员申请权受限，知情权、质证权和辩护权行使具有不确定性，申诉权制度缺失。当然，在国际体育仲裁院反兴奋剂仲裁分院仲裁程序中，运动员各项程序性权利的行使均得到较大程度的保障，但该制度依然存在不足之处，如程序性权利行使的不确定性、程序性权利救济渠道的缺失。既然运动员的程序性权利时时受到削弱，那就意味着运动员的实体正义没能得到真正实现，或者说实体正义实现的价值居于奥运会的竞赛秩序价值之后。为保障实现正义的实现，切实维护运动员权益，国际体育仲裁院奥运会特设仲裁分院和国际体育仲裁院反兴奋剂仲裁分院仲裁庭必须重塑仲裁的程序公正原则。在仲裁实践过程中，在坚持在时间正义价值理念的基础上，力求维护运动员最基本的程序性权利，继而促进竞赛秩序的稳定。

第一，国际体育仲裁院应保障机构的独立、中正性。国际体育仲裁院奥运会特设仲裁分院和国际体育仲裁院反兴奋剂仲裁分院仲裁庭是国际体育仲裁院的特设仲裁机构，国际体育仲裁院的独立、中正性也就意味着国际体育仲裁院奥运会特设仲裁分院和国际体育仲裁院反兴奋剂仲裁分院仲裁庭具有公正属性。尽管国际体育仲裁院在机构的独立、中正性方面做了很多工作，如机构独立于国际奥委会、财政来源的社会多元化，但是其独立、中正的品性仍有提升的空间。其原因如下：首先，国际体育仲裁院的财政来源虽然比以往更加多元化，但国际奥委会仍然是对其进行资助的重要单位，所以二者依然存在着利益关系，也必然影响着国际体育仲裁院的独立性和中正性。国际体育仲裁院如能完全在经济上脱离国际奥委会的资助，将更能体现出国际体育仲裁院的不偏不倚、公正中立。其次，在国际体育仲裁院奥运会特设仲裁分院仲裁庭的组成上，仲裁员由国际体育仲裁院奥运会特设仲裁分院院长直接任命，组织程序不公开、不透明。虽然直接任命仲裁员有助于提高仲裁速率，便于维护竞赛秩序，但却不利于仲裁程序的公平、公正。故此，仲裁庭组成的程序公开、透明和赋予当事人仲裁员选择权有利于提升其公正的形象。

第二，仲裁程序应具有民主性。仲裁程序的民主性表现在当事人能够平等且实际地参与仲裁过程。在仲裁过程中，只有当事人能够平等且实际地参与，才有利于实体正义的实现。实际地参与不仅要求平等地参与，还要求充分地参与。所谓充分参与就是在仲裁过程中充分保障当事人的知情权、质证权、辩护权，做到真正维护当事人的权利。

第三，仲裁程序要富含理性。仲裁程序的理性就是要求国际体育仲裁院奥运会特设仲裁分院和国际体育仲裁院反兴奋剂仲裁分院仲裁庭在处理体育纠纷时，既要注重公平，又要体现效率。注重公平要求国际体育仲裁院奥运会特设仲裁分院和国际体育仲裁院反兴奋剂仲裁分院仲裁庭必须以保护人权为基本理念，把以人为本作为基本准则，在仲裁过程中以正当程序为根本手段，从而实现社会实体正义的价值目的。追求效率则是以时间正义为指引，力求快速解决体育纠纷，达到维护奥运会竞赛秩序稳定的目的。作为体育争议的解纷机构，国际体育仲裁院奥运会特设仲裁分院和国际体育仲裁院反兴奋剂仲裁分院仲裁庭必须作出利益权衡，既要实现运动员的权利保障，又要维护奥运会的秩序稳定。那么，在仲裁过程中，程序理性必然要求国际体育仲裁院奥运会特设仲裁分院和国际体育仲裁院反兴奋剂仲裁分院仲裁庭坚持时间正义为先，兼顾程序正义。

第四，仲裁程序的必要性、便利性、及时性和对裁决理由的说明。仲裁程序的最终目的是维护当事人的正当权益，这就要求仲裁程序的设置要具有必要性、便利性和及时性，繁杂且不必要的程序不仅不利于实现社会正义，反而会降低仲裁效率。因此，仲裁程序的设置应力求体现必要性、便利性和及时性，让实体正义能够尽早实现。另外，对裁决理由的说明也不可忽略。因为对裁决理由的说明便于当事人理解裁决结果的具体原因，从而有助于说服当事人接受和执行仲裁裁决的内容。没有说明理由的仲裁裁决不仅可能导致当事人对裁决结果形成错误认知，还有可能使当事人对仲裁裁决的公正性产生怀疑，这不利于仲裁裁决的顺利执行。

概言之，在奥运会体育仲裁实践中，仲裁机构的独立性和中正性有助于树立起公平、公正的形象；仲裁程序的理性有助于兼顾仲裁裁决的时间正义和程序正义；仲裁程序的民主性有助于运动员平等且实际地参与仲裁过程；仲裁程序的必要性、便利性、及时性和对裁决理由的说明有助于程序顺利进行和实体正义的实现。因此，遵循程序公正原则不仅有利于当事人程序性权利的顺利实现，而且也有助于捍卫了当事人的实体性权利，最终有助于实现奥运会竞赛秩序的稳定。

本章小结

在奥运会体育仲裁中程序性权利保障机制的优化过程中，必须坚持人权、公平、效率和秩序的基本价值理念。坚持人权理念是保障运动员程序性权利的理论基点。程序性权利的保障离不开人权理念的价值要求，否则，程序性权利的保障就成了无本之木。坚持公平理念是实现运动员程序性权利的根本保障。只有坚持公平理念，仲裁机构才能做到不偏不倚，居中裁判。坚持效率和秩序理念则是维护运动员程序性权利和恢复奥运会竞赛秩序的特别要求。唯有提高仲裁效率，快速恢复竞赛秩序，奥运会体育仲裁机构才能实现自己的使命。

原则的意义不止于践行既定的理念，还要求保证既定理念的实现。依循既定的优化理念，结合当下奥运会体育仲裁中存在的现实问题，优化奥运会体育仲裁中程序性权利保障机制应当坚持以人为本原则、主从协调原则、内外结合原则和程序公正原则。坚持以人为本原则旨在树立当事人的权利主体地位，提高仲裁机构对运动员程序性权利的重视。坚持主从协调原则就是要处理好时间正义和程序正义的关系，使运动员的程序性权利得到最大可能的维护。坚持内外结合原则便于运动员仲裁维权，同时可以起到双重保护运动员权益的目的：一是救济运动员的程序性权利，二是捍卫运动员的实体性权利。坚持程序公正原则可以从根本上保障运动员的程序性权利。

第五章 奥运会体育仲裁中程序性权利保障路径

由于现今的奥运会体育仲裁在思想上坚持时间正义理念优先的原则，在仲裁实践中把保障竞赛秩序作为首要任务，因此，有关运动员程序性权利的制度规范就相对模糊不清，仲裁程序的运行具有准司法特性，监督机制也有待进一步完善。再加上司法机关的谨慎介入，对运动员程序性权利的保障可谓障碍重重。为了促使运动员程序性权利得到有效保障，除了在优化奥运会体育仲裁机制上应当树立并坚持正确的理念和科学的原则以外，在运动员程序性权利保障路径上还应当做以下几点：一是进行程序性权利的规范确认；二是完善体育仲裁制度的监督机制；三是提供合理的程序性权利救济路径。

第一节 奥运会体育仲裁中程序性权利的规范确认

一、程序性权利规范确认的必要性

春秋《国语》有言："国无经，何以出令？令之不从，上之患也。"[①] 意思是，国家的法律制度是政令发布的前提，有了可以遵从的法律制

---

① 于憬之编著：《传统文化中的治国理政智慧》，北京：人民日报出版社，2015年版，第70页。

度，国家才能得到有效治理。一方面，法律制度涉及人们的各项权利，并载明有关权利的内容、形式、范围、性质等情形；另一方面，法律制度也是司法机关执法的依据。也就是说，有了法律制度，人们的相关权利才能得到权力机关的维护和救助，即法律制度是权利维护的基础。如若没有法律规定，人们的权利保障就会存在不确定性。运动员参与仲裁过程的各种相关程序性权利同样需要法律制度的规范确认。假如程序性权利没有得到法律规范的确认，就难以得到相关法律机构的维护或者救济，其结果首先是运动员程序性权利难以得到有效保障，其次是可能致使运动员实体性权利连带受损。在仲裁实践中，由于竞赛秩序的"即时性"要求和奥运会体育仲裁制度的"司法性"特点，运动员的程序性权利时常受到忽视。维护运动员程序性权利不仅是仲裁程序公正的要求，也是维护运动员实体性权利的途径。然而，要维护运动员的程序性权利，就需要有相应的法律制度作为基础，即程序性权利应当得到法律制度的规范确认。

二、程序性权利规范确认的法律关系

厘清法律关系必须明确法律规范的内涵。法理认为："法律规范是由国家制定或认可，以国家强制力为后盾的行为规范。"其主要特点如下：一是法律规范的明确性和具体性。法律规范主要涉及一定事实状态的假定、对主体行为的法律后果的预设、后果的处理三个环节，每个环节都必须明确而具体，这样才具有可操作的实践特性。二是法律规范的一般性和普遍性。法律规范不针对特定主体及其特定行为，也不会因人因时而异，同一标准可反复适用。三是法律规范以法律权利和法律义务来调处社会关系。[①] 国际体育仲裁中的程序性权利同样需要国际体育法律制度规范具有明确性、具体性、一般性、普遍性等法律

[①] 吕世伦、公丕祥主编：《现代理论法学原理》，西安：西安交通大学出版社，2016年版，第265页。

规范的操作性特征。国际体育法律规范虽然不具有国家主体的特性，也不反映国家某一阶级的意志，但是在法律规范的性质和要求上与国家的法律规范具有相通性。程序性权利的规定只要具体、明确，像国家法律规范一样设定事实状态的假定、法律行为的后果预设、后果的处理三个环节，就可以为运动员程序性权利的维护提供实践操作的流程。同时，国际体育法律规范的普遍性和一般性是其得以普遍和反复适用的基础条件。权利和义务的法律规定是国家处理法律关系的主要手段，国际体育法律制度同样可以通过为仲裁程序主体设定权利和义务来调整仲裁程序的法律关系。

法律关系是指执法主体根据法律规范确定的权利和义务调整的公民之间的一种社会关系。换句话说，权利需要有法律的相关规定才能得到有关司法机构的裁决和调整。否则，司法机构就会陷入执法无据的窘境，致使权利徒存主观应然状态。没有无义务的权利，也没有无权利的义务。权利和义务二者关系密切、总量相等，它们是法律关系的核心内容和法律调整的依据。[①] 正所谓"没有规矩不成方圆"，权利的保护和实现需要法律制度的明确、具体的规定，需要权利和义务对应得当，并通过权利和义务的标准规定对法律关系进行调处。奥运会体育仲裁程序中运动员不可或缺的程序性权利同样需要法律规范进行确认和保护。在奥运会的仲裁实践中，由于程序性权利没有明确、具体的法律规定，各种程序性权利皆是依据奥运会体育仲裁制度的规定推导而来的，因此，运动员程序性权利的保障面临着于法无据，或者说无明确法律根据的情况。如国际体育仲裁院奥运会特设仲裁分院仲裁规则第15条开庭程序中的规定："当事人在开庭时应当提出其试图举证的所有证据和应当立即听证的证人。"即质证权是一项推导出来的权利。那么，国际体育仲裁院奥运会特设仲裁分院仲裁庭就可以以各种理由自由裁量运动员的质证权。还有，国际体育仲裁院奥运会特设

[①] 陈景辉、王锴、李红勃:《理论法学》，北京:中国政法大学出版社，2016年版，第33页。

仲裁分院仲裁庭拥有仲裁程序的自行决定权，这种权利有利有弊。一方面，仲裁程序的自行决定权可以为提高仲裁效率打下基础，节约仲裁时间，维护竞赛秩序；另一方面，仲裁程序的自行决定权有违正当程序规定，也不符合当事人的权益要求。由此可知，程序性权利纠纷的侵权主体是奥运会体育仲裁特设机构，程序性权利的主体是各方当事人。程序性权利侵权纠纷的法律关系是指当事人和奥运会仲裁机构之间的关系，因此，解决程序性权利纠纷必须确定纠纷当事人的权利、义务关系，即当事人和奥运会体育仲裁机构之间的法律关系，从而为解决程序性权利纠纷奠定法律基础。

综上所述，法律规范是对权利、义务的规范确认，是必不可少的维权基础。权利的维护是对法律关系的调整，即对法律规范设定的权利和义务的评判和处理。因此，维护运动员的程序性权利首先必须确立程序性权利的法律规范，其次依循程序性权利法律规范规定的权利、义务来调整法律关系，最终使运动员的程序性权利得到及时恢复、仲裁庭的权力运行受到制度约束、违规行为受到相应制裁。总之，维护运动员程序性权利是国际体育法律制度的重要任务，需要以程序性权利的法律规范为基础，并通过程序性权利法律规范规定的权利和义务来调整法律关系。

三、程序性权利规范确认的机构

在仲裁实践中，运动员程序性权利不仅会受到奥运会各体育竞赛组织的限制，还会面临奥运会体育仲裁机构的限制。加之国际司法机构一般不愿介入体育行业内部事务，致使运动员程序性权利难以得到相应的保护和救济。如前所述，奥运会体育竞赛组织的内部救济机制用尽原则阻碍了运动员申请权的行使，竞赛规则除外原则是对仲裁申请权的直接排除，奥运会体育仲裁程序的任意性决定了程序性权利保障的不确定性，以上情况是对运动员程序性权利的伤害。鉴于国际体育仲裁院法律所在地是瑞士洛桑，对程序性权利的维护也只能通过瑞士联邦法院进行。但是,瑞士联邦法院对奥运会仲裁裁决争议的制罚基本上都是维持原判,很少对侵害程序性权利的机构采取相应的制裁措施。当前,维护运动员程序性权利亟须相应的法律规范,因为权利的规范确认是救济的重要前提。本书将对国际奥委会、国际体育仲裁理事会和瑞士联邦法院三个机构哪个更适合处理奥运会体育争议的问题进行剖析,以确定适合的法律规范制定机构。

第一,国际奥委会。在奥运会的组织体系中,国际奥委会、国际单项体育联合会、国家或地区奥委会被称为奥运会的三大支柱,它们是主要管理组织机构。其中,国际奥委会是奥运会的最高权力机构,依据《奥林匹克宪章》来组织和管理奥运会的开展事宜;国际单项体育联合会负责各自联合会所管辖的运动项目的技术和行政管理工作;国家或地区奥委会的主要任务是开展国家或地区奥运会。[①] 作为最高管理机构,国际奥委会有权管理体育纠纷,当然也可以赋权其他机构进行管理。事实上,国际奥委会为了避免遭受不公正之嫌疑,把体育纠纷仲裁管辖权赋予国际体育仲裁院。也就是说,国际奥委会作为奥运会的自治管理组织,有权组织和管理内部专业上的一切事务。但是,由它来制定程序性权利之权利、义务的法律规范又有所不妥。原因如下:一是国际奥委会作为自治管理机构不具有中立性,"既是运动员又当裁判员的行为"易产生不公正的印象;二是国际奥委会只是民间自治组织,不是外部管理机构,更不是国家权力机构,由它制定法律规范不具有权威性和可行性。

第二,国际体育仲裁理事会。为稳妥解决竞争激烈的奥运会中的体育纠纷,萨马兰奇于1983年提议设立并开始筹建国际体育仲裁院。但是,早期的国际体育仲裁院由国际奥委会负责管理和运行,受到"做自己案件法官"的质疑,以至于受案率极低。后来,国际体育仲裁理事会成立并接管国际体育仲裁院,国际体育仲裁院的公正性程度有

---

① 第29届奥林匹克运动会组织委员会组织编著:《北京奥运会、残奥会市民读本》,北京:北京出版社,2008年版,第10—11页。

所提升，并最终获得奥运会体育纠纷的垄断管辖权。目前，具体工作由国际体育仲裁院奥运会特设仲裁分院和国际体育仲裁院反兴奋剂仲裁分院两个特设机构执行。国际体育仲裁院奥运会特设仲裁分院和国际体育仲裁院反兴奋剂仲裁分院各有一套专门的仲裁规则，仲裁程序较为简化，两机构作为奥运会外部的独立仲裁机构，形式上具有中立性，但也造成了当事人的程序性权利的缺失。另外，它们在管理奥运会中的体育争议与程序性权利的侵权纠纷时也存在较大差异。主要表现如下。一是争议产生的区域不同。体育争议的发生局限于奥运会的竞技赛场中，程序性权利侵权纠纷则发生在仲裁过程中。二是争议的内容不同。赛场纠纷一般是关于竞赛规则和纪律处罚方面的纠纷，涉及内容主要包括运动员之间的纠纷以及运动员与赛事管理组织之间的纠纷等，而程序性权利侵权纠纷则主要指运动员和国际体育仲裁院奥运会特设仲裁分院、国际体育仲裁院反兴奋剂仲裁分院仲裁庭之间的仲裁程序纠纷，主要内容是仲裁过程中当事人（运动员）应当享有的正当程序权利等。因此，国际体育仲裁院特设机构处理程序性权利侵权纠纷不像管理体育争议事件一样是以外部机构的形象出现，而是在管理自己的案件，即管理仲裁庭和当事人之间的程序性权利侵权纠纷。国际体育仲裁理事会是奥运会中国际体育仲裁院特设机构的设立者，国际体育仲裁院特设机构是奥运会体育纠纷的管理者，也是程序性权利侵权的行为者，在纠正侵权行为、保障运动员程序性权利方面具有最大的直接性和便利性。因此，作为国际体育仲裁院特设机构的直接管理者，国际体育仲裁理事会制定相应的法律规范、确定各程序性权利的规范内容，有利于直接保障运动员的程序性权利。但问题是程序性权利侵权案件的管理者在纠正自身错案时又存在"做自己案件的法官"之嫌。因此，从维护自身客观中立形象和运动员仲裁利益的角度出发，国际体育仲裁理事会处于两难境地。

第三，瑞士联邦法院。国际体育仲裁院奥运会特设仲裁分院仲裁规则和国际体育仲裁院反兴奋剂仲裁分院仲裁规则均规定奥运会法律仲裁地为瑞士洛桑，这就决定了奥运会体育仲裁纠纷应由瑞士联邦法院管辖。其中，解决奥运会体育仲裁纠纷的法律依据是《瑞士国际私法法案》第12章。①《瑞士国际私法法案》第190条第2款规定了撤销国际仲裁的情形（包括奥运会体育仲裁）：①独任仲裁员的指定和仲裁庭组成不适当；②仲裁庭错误地行使或拒绝管辖权；③裁决超越仲裁范围或漏裁仲裁申请；④违反平等对待当事人原则；⑤违反公共政策。② 在以上撤销仲裁裁决的法条中，第①项是对仲裁庭主体公正性的要求；第②项、第③项强调了仲裁庭的管辖权及管辖范围；第④项体现出当事人对仲裁申请权的要求，即当事人对自身程序性权利的诉求；第⑤项则是有关公共政策方面的需求，与仲裁程序性权利无关。由此可见，《瑞士国际私法法案》第190条第2款中，仅有第④项涉及当事人的程序性权利，且只涉及仲裁申请权。那么，根据以上分析，瑞士联邦法院有权制定法律规范，以有效解决奥运会体育仲裁中的程序性权利侵权纠纷。尽管瑞士联邦法院已经存在针对程序性权利侵权行为的相关法律规定。瑞士联邦法院事实上很少推翻国际体育仲裁机构的裁决，至多是减轻仲裁的处罚。另外，制裁仲裁程序违规的手段只是撤销仲裁裁决结果而已，对国际体育仲裁院奥运会特设仲裁分院和国际体育仲裁院反兴奋剂仲裁分院仲裁庭的惩罚力度显然不足。更为重要的是，瑞士联邦法院并不愿意过多涉足体育领域的纠纷事件，即便管辖奥运会中的仲裁纠纷，也鲜少改变当事人程序性权利侵权案件的结果。

综上所述，在有关奥运会体育仲裁程序性权利法律规范的制定中，首先，国际奥委会作为奥运会的管理者不具有中正性基础；其次，尽管瑞士联邦法院的立法机关是制定该程序性权利法律规范的法律指定

---

① 姜熙：《CAS奥运会体育仲裁的程序正义》，载《体育学刊》，2011年第1期，第47页。
② 肖永平主编：《体育争端解决模式研究》，北京：高等教育出版社，2015年版，第28页。

机关,[①] 但其执法局限性在一定程度上不利于维护当事人的程序性权利;最后,国际体育仲裁理事会是国际体育仲裁院奥运会特设仲裁分院和国际体育仲裁院反兴奋剂仲裁分院的管理部门,是体育仲裁中相应法律规范的制定者。尽管它在管理程序性权利侵权案件时存在一些独立性、中正性方面的弊端,但它最能及时处理侵犯当事人程序性权利的案件。因此,本书认为,应由国际体育仲裁理事会制定相应的法律规范,由国际体育仲裁院奥运会特设仲裁分院和国际体育仲裁院反兴奋剂仲裁分院仲裁庭处理程序性权利的侵权案件,并通过完善监督机制来保障国际体育仲裁院奥运会特设仲裁分院和国际体育仲裁院反兴奋剂仲裁分院仲裁庭的公正性。

四、程序性权利规范确认的范式

范式理论由美国哲学家托马斯·库恩(Thomas Kuhn)所创,内容涉及理念、信念、自然观等思想观念。在科研过程中,范式理论的指导意义体现在科学家关于社会客观对象的本体论、认识论和方法论中。范式理论的主要特点如下:一定程度的公认性;科学研究的纲领性;可以模仿的先例性。总的来说,范式理论为解决社会问题提供了思路,即稳定的范式是解决某类问题的适当方式,但如果社会发展和环境变化导致范式理论的价值降低,则会出现范式转移。[②]

在理论上,范式理论与法律规范具有基本相通性,因此,范式理论适用于法律关系的调整。法律关系的调整是以法律规范为基础的,通过法律规范确认的权利和义务来调解社会纠纷。法律规范尽管由国家权威机构制定,但却体现出范式理论的公认性、纲领性和先例性等特征。首先,由权威机构制定的法律规范反映的是社会大多数人的利

[①] 参见国际体育仲裁院奥运会特设仲裁分院仲裁规则第 7 条、国际体育仲裁院反兴奋剂仲裁分院仲裁规则第 A4 条,https://www.tas-cas.org/en/index.html。

[②] 龙卫球、王文杰:《两岸民商法前沿》,北京:中国法制出版社,2016 年版第 5 辑,第 94—95 页。

益,体现出相应程度的社会公认性。其次,法律规范对权利和义务的确认是指导人们行使权利的纲领指南,违背法律规范就会受到相应的法律制裁。最后,人们对法律规范的遵守对其他人具有一定的先例效应。因此,法律关系的调整可以看作范式理论的应用。

维护运动员程序性权利的实质就是法律关系的调整,即对程序性权利侵权关系的调整,是通过当事人各方权利、义务的调整来纠正程序性权利的失衡状态。调整程序性权利侵权关系需要遵循相应的程序性权利的法律规范,为此,必须为当事人的程序性权利进行立法确权。如前所述,运动员的仲裁申请权受限,质证权、辩论权、知情权具有不确定性,申诉权缺失,这些问题形成的主要原因就是没有法律规范的明确规定。法律确权就是法律明确规定申请权、质证权、辩护权、知情权和申诉权等权利。有了权利的法律确认,就会有对应的法律义务。法律确权就意味着对权利和秩序的维护有了依据。法律确权的途径主要是法律规范,法律规范要素的分类主要有二要素说和三要素说两种形式。在程序性权利的规范确权中,尽管法律规范二要素说内容简洁,易于理解和适用,但法律规范三要素说与法律规范三段论的逻辑推理形式更为吻合,故本书倾向于法律规范三要素说。在司法实践中,法律规范三段论因其规范明确、逻辑清晰、推断具有必然性而被大量使用。

法律规范三段论以规范模拟法律命题为大前提,以直言命题为小前提,通过中项的作用,得出一个规范模拟命题结论的演绎推理。法律规范三段论形式多样,主要内容如下:

①必须规范三段论

凡 m 必须 p 　　　　　　　　凡 m 必须非 p

凡 s 是 m 　　　　　　　　　凡 s 是 m

所以,凡 s 必须 p 　　　　　所以,凡 s 必须非 p

例如:

凡是在校优秀运动员,必须遵守学校的专业训练制度规定,

李明是在校优秀运动员，

所以，李明必须遵守学校的专业训练制度规定。

②允许规范三段论

凡 m 允许 p　　　　　　　　　凡 m 允许非 p

凡 s 是 m　　　　　　　　　　凡 s 是 m

所以，凡 s 允许 p　　　　　　所以，凡 s 允许非 p

例如：

凡符合条件并得到我国批准的外籍运动员，都可以代表中国参加奥运会，

李四符合条件并得到了我国的批准，

所以，李四可以代表中国参加奥运会。

③禁止规范三段论

凡 m 禁止 p　　　　　　　　　凡 m 禁止非 p

凡 s 是 m　　　　　　　　　　凡 s 是 m

所以，凡 s 禁止 p　　　　　　所以，凡 s 禁止非 p

例如：

在作出回避决定前禁止剥夺仲裁员的仲裁审理权，

仲裁委员会没有对仲裁员作出回避决定，

所以，仲裁员的仲裁审理权不能被停止。

④纯法律规范三段论

凡 m 必须 p　　　　　　　　　凡 m 必须非 p

凡 s 是 m　　　　　　　　　　凡 s 是 m

所以，凡 s 必须 p　　　　　　所以，凡 s 必须非 p

例如：

任何奥运会参赛运动员都必须严格遵守奥运会竞赛规则，

遵守奥运会竞赛规则必须掌握竞赛竞赛规则，

所以，任何奥运会参赛运动员都必须掌握奥运会竞赛规则。

法律规范是否能够得出正确的结论与直言命题三段论的规则密切

相关。在法律规范三段论关系中，前提中不周延的项在结论中不得加以周延，并且前提与结论的否定数目要求相等，但是，中项至少周延一次。① 此外，有学者将裁决三段论与法律类推视为法律规范适用的推理。这意味着法律命题可以视为假定，直言命题类同于处理，经中项周延后的演绎推理的结论则视同制裁。

综上所述，程序性权利规范确认的范式是以权利和义务的分配为内容，以假定、处理、制裁为要素，以法律规范三段论为理论依据，建构出申请权、知情权、质证权、辩护权、申诉权等程序性权利的科学的法律规范。程序性权利法律规范的形成将使得运动员维权有法可依、有法好依，从而有利于保障运动员程序性权利。

第二节 奥运会体育仲裁中程序性权利的监督保障

权力失去监督，容易走向腐败；监督机制乏力，权力难保公正。权力监督是预防腐败、促进权力公正的基本手段，而加强监督的方式主要有三种：以社会监督权力；以权力监督权力；以权利监督权力。奥运会体育仲裁程序同样需要监督机制，依据以上监督方式，可以梳理归纳出应当对奥运会体育仲裁程序进行监督的相应行为主体，即司法机关、仲裁管理机构、社会群体。本书从这三种监督主体出发，对完善奥运会体育仲裁制度监督机制作分析，以确保运动员程序性权利得到更好尊重和实现。

一、司法监督

奥运会体育仲裁程序需要权力机构尤其是司法机关的监督。司法监督的目的是保障仲裁程序的公正，依据仲裁法律规定直接监督仲裁程序运行并保障运动员的程序性权利，得出令人信服的裁决结果，同

---

① 张大松、蒋新苗主编：《法律逻辑学教程》，北京：高等教育出版社，2003年版，第169页。

时也可避免仲裁争议的上诉。鉴于奥运会的实际仲裁地与法律仲裁地通常不在同一地点，因此，仲裁程序的司法监督管辖权会在当事国和法定国之间产生，这会增加司法机关监督奥运会仲裁程序的难度。既然奥运会的法律仲裁地为瑞士洛桑，那么体育仲裁争议的上诉机构也只能是瑞士联邦法院。但是，作为奥运会的法定司法管辖机构，瑞士联邦法院进行司法监督又会面临域外管辖问题，同时，瑞士联邦法院并不热衷于管辖奥运会体育仲裁纠纷。具体原因如下：一是国际体育仲裁院排斥司法介入。国际体育仲裁院在裁决形式上为一次仲裁终局，这在一定程度上暗示了其排斥司法机关的介入。国际体育仲裁理事会与体育仲裁院的章程与规则规定，如果当事人在瑞士没有常住居所、营业机构等可居留之处，并且仲裁协议明示排除所有撤销程序时，当事人就不得通过撤销上诉对裁决提出异议。由于多数运动员并不是瑞士公民，在瑞士有固定居所的可能性较小。这说明奥运会仲裁机构并不期望当事人向法院提起上诉。二是瑞士联邦法院的司法管辖具有被动性。《瑞士国际私法法案》对奥运会体育仲裁程序争议的处理规定仅限于撤销有关的仲裁裁决，并不会对国际体育仲裁院进行相应的制裁。即瑞士联邦法院对奥运会体育仲裁纠纷的管理仅限于对仲裁程序的司法审查，制裁的方式仅是撤销仲裁裁决。这也就意味着对奥运会仲裁程序的司法监督是有缺陷的。

奥运会仲裁程序的司法监督最理想的方式就是奥运会举办地和仲裁地法院协作共管。首先，瑞士联邦法院的司法监督受到限制。瑞士联邦法院到奥运会举办国进行司法监督必然要经当事国的首肯，而出于维护主权尊严的考虑，奥运会举办国通常会排斥外部力量的介入。另外，即便举办国允许瑞士联邦法院进行司法监督，它也会受到语言、交通、环境、经费、人力、物力、财力、体育仲裁法律知识等多方面的条件限制。其次，尽管举办国司法机关能够比较顺利地监管奥运会的仲裁过程，不受外在条件的限制。但是，举办国的司法监督同样存在困境：一是奥运会举办国不是法律仲裁地。二是体育行业的自治管理心态。国际奥委会、国际体育仲裁院以及国际单项体育联合会等管理机构期望的是管理自治，而不是交给司法机关处理。三是举办国与瑞士两国之间可能存在法律冲突，如管辖冲突、法律规范冲突等，这也是最为重要的问题。法律冲突的解决是举办国司法机关和瑞士联邦法院共同进行司法监督的关键，如果这一问题不能解决，就意味着两国合作的法律基础不存在。因此，只有两国达成共识，由举办国司法机关和瑞士联邦法院共同行使监督权才具有可行性。如果存在公共的法律监督基础，对仲裁程序监督的执行就容易达成一致，从而在共同监督的基础上保障奥运会仲裁程序的公平、公正。

奥运会体育仲裁程序的司法监督离不开举办国和瑞士两国在法律基础上形成共识，但其他相关因素如经济、政治、社会、文化等的影响也不容忽视。譬如，两国司法机关工作人员的经费来源应如何确定？司法机关主动监督的依据是什么？要解决此类问题，本书拟提出以下建议。第一，遵循当事国法律地位平等的原则。由于奥运会举办国和瑞士均是主权国家，故而当事国之间应采用平等、互助、合作的方式进行司法监督。第二，形成协同管辖的法律文件。协同管辖需要法律依据，该法律制度应当由国际体育仲裁理事会和当事国协商拟定。国际奥委会是奥运会的组织管理者，国际体育仲裁院的仲裁管辖权是由其指定的，因此，国际体育仲裁院的仲裁监督机构也可由国际奥委会邀约各当事方建立。鉴于国际体育仲裁理事会是国际体育仲裁院的管理者，所以应由国际体育仲裁理事会和当事国各方进行平等协商，拟定相应法律文件。法律文件应当涉及监督的目的、监督的内容、监督的方式、监督的效果。第三，成立协同司法监督机构。该机构至少应由管理机构、培训机构、人力资源部三个组成部分。管理机构是最高权力机构，管控培训机构和人力资源部两个部门，并负责奥运会体育仲裁中的司法监督各项事宜，从而保障运动员的程序性权利。培训机构重在对司法监督人员的业务能力进行培训，以保证司法监督的效果。人力资源部负责吸纳奥运会举办国及瑞士的司法监督成员，发展协同司法监督储备人员。在国家主权平等基础上，依据相应的法律文件，通过司法监督机构的任务执行，保障运动员程序性权利。

当前，为了保证奥运会仲裁程序的公正执行，维护运动员程序性权利，防止权力腐败，司法监督有其必要性，而司法监督要解决的首要问题是法律问题。有了法律依据，司法监督机构才能合理、合法地运行。

二、内部监督

程序性权利的维护需要仲裁管理机构的内部监督，需要加强国际体育仲裁院奥运会特设仲裁分院和国际体育仲裁院反兴奋剂仲裁分院两类仲裁机构的监管。根据国际体育仲裁院奥运会特设仲裁分院仲裁规则第2条，国际体育仲裁院奥运会特设仲裁分院由国际体育仲裁理事会设立，包括仲裁员、院长、办公室。同时，国际体育仲裁院奥运会特设仲裁分院仲裁规则第4条指出，国际体育仲裁院奥运会特设仲裁分院院长由国际体育仲裁理事会的常务理事会任命，负责履行本规则赋予的职责和涉及国际体育仲裁院奥运会特设仲裁分院正常运行的其他职责。由此可知，国际体育仲裁院奥运会特设仲裁分院院长是国际体育仲裁院奥运会特设仲裁分院仲裁庭的主要负责人，负有监督管理国际体育仲裁院奥运会特设仲裁分院仲裁庭仲裁程序公正运行的职责。这也就意味着国际体育仲裁院奥运会特设仲裁分院院长对国际体育仲裁院奥运会特设仲裁分院仲裁庭仲裁程序负有监督义务。同样，在国际体育仲裁院反兴奋剂仲裁分院仲裁程序中，国际体育仲裁院反兴奋剂仲裁分院院长总体负责仲裁程序运行，具体任务由仲裁庭操作执行。

第一，国际体育仲裁院奥运会特设仲裁分院仲裁程序监督。首先，在国际体育仲裁院奥运会特设仲裁分院仲裁程序中，由于国际体育仲裁院奥运会特设仲裁分院仲裁庭解决体育争议必须在奥运会比赛期间完成，精简仲裁程序和一次仲裁终局制度就成了国际体育仲裁院奥运会特设仲裁分院仲裁庭完成任务的不二法宝。仲裁程序的缩减和一次仲裁终局制度的裁决方式容易折损运动员的程序性权利,这就更需要加强监督以确保仲裁程序的公正性和公平性。正如国际体育仲裁院奥运会特设仲裁分院仲裁规则第 19 条规定:"裁决签署前,须由国际体育仲裁院奥运会特设仲裁分院院长审核,院长可对形式作出修改,并可在不影响仲裁小组裁决自由的情况下,提请仲裁小组注意实质性要点。"由该条可以看出,国际体育仲裁院奥运会特设仲裁分院院长的审核监督只是一种事后监督,并不能起到预防程序性侵权事件的作用。其次,国际体育仲裁院奥运会特设仲裁分院仲裁庭设定仲裁程序的垄断性也使得仲裁程序形式的审查作用受到影响。最后,实体审查也要求不得影响仲裁庭的独立裁决。以上种种要求说明国际体育仲裁院奥运会特设仲裁分院院长的内部监督具有较强的象征意义。正如贺嘉在《CAS 奥运会特别仲裁机构内部监督机制的研究》一文中指出,奥运会的仲裁监督实际上是内部行政监督,与仲裁庭是一种友好合作而非对抗模式,其共同目的就是追求仲裁的高效率,兼具保护运动员的利益。[①] 而现实情况则是运动员的程序性权利有被弱化的趋向。

第二,国际体育仲裁院反兴奋剂仲裁分院仲裁程序监督。国际体育仲裁院反兴奋剂仲裁分院仲裁规则第 A21 条规定:"裁决书签署前,应将裁决书送交国际体育仲裁院反兴奋剂仲裁分院常务法律顾问,其可对裁决书的形式问题进行修正,可以提请仲裁小组注意基本原则问题。"该规定是国际体育仲裁院反兴奋剂仲裁分院仲裁制度中唯一一处体现监管意义的法条,但也侧重于事后对形式问题的检查。由此可见,国际体育仲裁院反兴奋剂仲裁分院仲裁机构的程序监督有待加强。

加强仲裁程序的内部监督机制,努力实现对运动员程序性权利的保障作用,将体现出更为直接的现实意义。一方面,程序性权利的规范确认为仲裁程序的监督提供了可依循的法律制度,便于仲裁机构监

[①] 贺嘉:《CAS 奥运会特别仲裁机构内部监督机制的研究》,载《天津体育学院学报》,2016 年第 5 期,第 431 页。

督机制的操作施行；另一方面，加强内部监督机制既是仲裁管理机构的责任，也是保护运动员的程序性权利的路径。因此，有必要采取相应措施，提高仲裁机构内部监管效力。首先，建立奥运会仲裁程序督导小组。在内部监督机制的形式上，应改变过去仅由院长或者管理顾问事后检查仲裁裁决的模式，形成仲裁程序的全过程多方位监督机制。仲裁机构应成立仲裁程序督导小组，并由相应院长任小组负责人，对整个仲裁程序进行督导，保障当事人的程序性权利，确保仲裁程序有序进行。督导应主要包括三个部分，即仲裁信息的传递、仲裁实施的过程、裁决文件的形式。监督信息传递过程可以保障当事人仲裁的知情权和参与权；监督仲裁过程可以维护当事人的知情权、质证权、辩护权等程序性权利；监督裁决文件是对当事人各种程序性权利的最后审查和保障。督导小组成员负责监督具体仲裁程序的实际运行情况，在相应督导小组成员审查之后，应及时上交院长复核并签字。当然，国际体育仲裁理事会在人力、财力、物力等资源条件允许的情况下，也可以独自设立奥运会仲裁程序监督小组，为奥运会仲裁庭的公平、公正运行保驾护航。其次，强化体育仲裁监督机制的运行能力。仲裁督导小组成立后，应通过强化督导小组的价值功用，落实各项具体任务，形成全面的监督，提高监督效果。其具体要求如下：一是要强化督导小组人员责任意识。强化责任意识有助于督导任务的完成，责任意识的强化要求提高督导小组成员的基本素质。基本素质主要是指思想道德素质和业务能力素质，通过提高思想道德素质和业务能力，树立起他们的工作责任心。二是要分工明确、任务具体。分工明确有助于小组成员恪尽职守，快速进入工作状态，避免工作不分主次轻重，消极怠工。任务具体则是明确小组成员的具体工作内容及操作方法。三是要认真核查和总结督导小组的工作。核查和总结是督导小组负责人的工作，通过认真复核督导小组的工作情况，查漏补缺，可以落实工作责任，积累经验教训，促进各项督导工作更好完成。

三、社会监督

社会监督是指司法机关、仲裁管理机构以外的其他运动参与群体的仲裁程序监督。这类群体主要由仲裁当事人、媒体、其他体育参与群体三个部分组成，他们对运动员程序性权利的保障同样起着重要作用。其中，仲裁当事人是社会群体中最主要的监督人群，因为他们是程序性权利的利益直接相关群体；媒体可以通过宣传示范进行舆论监督；而其他体育参与群体也具有一定的辅助监督作用。

第一，仲裁当事人监督。美国加利福尼亚大学学者小厄特曼·理查德·尤金（Utman Richard Eugene Jr.）认为，仅依赖程序正义的客观概念，如正当程序和法治，而忽视每年参与民事案件的数百万争议者所持的公正主观意见，可能导致程序的合法性等级较低。[①] 当事人的监督对于程序公正极为重要，它是仲裁程序公正的一项重要指标。作为仲裁当事人，运动员通常是程序性权利受到侵犯的对象，程序性权利的维护是实现其实体性权利的路径保障，因此，运动员监督可是说是最为关键和重要的监督。监督内容主要包括以下几个方面：一是仲裁程序监督。新奥运会仲裁制度要求仲裁程序法定，奥运会仲裁庭必须按照仲裁程序施行仲裁，这就给运动员的监督提供了直接的法律依据。同时，仲裁管理机构对程序性权利的规范确认也为运动员维权提供了法律上的预期。由于运动员是仲裁的直接参与者，故而可以直接体验感知到哪些程序性权利受到剥夺和损害，在掌握自身程序性权利受到侵害的证据基础上，依据仲裁法中程序性权利的相关规定向仲裁管理机构或者司法机构直接申诉，从而维护自身权利。二是裁决书说理制度监督。裁决书说理制度是对仲裁庭自由裁量的有效制约，也为仲裁当事人及社会的评价提供了直接对象，同时也是自由裁量结果正当性的有力辩护。正如有学者指出，附加理由的判决制度具有保障、

---

① Utman Richard Eugene Jr., "Procedural Justice in Pre-Trial, Civil Litigation", Dissertation of the University of California, Irvine, 2007.

说明、审查三种机能。其中，保障机能是为了防止审判机关的权力滥用；说明机能是为了让当事人明白裁决理由；审查机能则是指在上诉案件中，可以为上诉机构法官判断裁决是否公正提供参考。完善的仲裁机制为运动员维权提供了法律基础，运动员可以通过仲裁程序监督以及裁决书说理制度维护自身程序性权利，从而维护自身的各种实体性权利。

第二，媒体监督。媒体不是法定的监督机构，但是其监督作用不可忽视。正是由于媒体的监督，体育赛事中的违规事件才能够得到社会的评判，使正义得以更好实现。鉴于媒体监督的社会效应，其正面报道可以快速提升奥运会仲裁庭的声誉，增强运动员和公众对国际体育仲裁机构的信任度，从而有利于仲裁工作的社会开展。如若媒体对奥运会仲裁庭进行负面报道，则会降低国际体育仲裁机构的社会形象，使其声誉受损。因此，媒体宣传的作用不可轻视，媒体参与体育仲裁监督有利于促进仲裁程序公正，维护运动员权益。

第三，其他体育参与群体的监督。其他体育参与群体主要指仲裁当事人以外的体育参与者，如其他运动员、医护人员、教练员、观众、奥运会的其他辅助人员等。其他体育参与人员不是仲裁当事人，对体育仲裁的监督不起主要作用，但是如果他们掌握与仲裁相关的信息，尤其是影响仲裁公正的行为信息，也可以通过各种监督渠道行使监督权，以促进仲裁程序及裁决结果的公平、公正。因此，尽管奥运会体育仲裁案件与其他体育参与群体的利益无涉，但只要他们的参与能够给体育仲裁带来公正，还是应该为其提供监督的机制和渠道，以保障运动员的合法权益，维护奥运会的秩序。

第四，监督的处理。监督的目的是保护运动员的程序性权利，从而公正裁决，继而有效维护竞赛秩序。如果仲裁程序公正，则可以达到监督的预期目的。如果发现仲裁程序不公，则应有相应的处理机制。既然强调维护运动员程序性权利，那就应该设立二次仲裁机制，通过二次仲裁来保障运动员相应的程序性权利。司法机关、仲裁内部督导小组以及社会群体只要能够确证仲裁程序不合法，就可以直接向二级仲裁机构提出程序维权申请。总之，仲裁程序监督机制是预防运动员程序性权利受损的屏障。为实现该目的，应打造司法机关、仲裁管理机构以及社会群体三位一体的协同监督机制，形成保障运动员程序性权利的坚实防护网。司法机关监督可以以强有力的方式要求仲裁机构纠正仲裁程序错误，仲裁机构自身监督则能够直接确保仲裁程序的公正性和公平性，社会群体在监督仲裁程序公正性中也会有着重要的助力作用。

第三节 奥运会体育仲裁中程序性权利的救济路径

程序性权利受到侵犯时的救济内容和体育实体争议的救济内容不同，前者涉及仲裁程序，后者则是针对实体性权利。尽管它们的救济内容不同，但体育实体争议的救济模式依然可资借鉴。在体育实体争议的救济模式上，世界各国已普遍达成共识：一是强调体育组织内部救济和外部机构干预相结合；二是认为司法介入不可或缺，它可以对体育争议进行适时干预。[1] 在奥运会体育仲裁机制中，由于国际体育仲裁院奥运会特设仲裁分院仲裁庭采用一次仲裁终局制度解决体育争议，因此，目前只有司法机关可以救济程序性权利，但其只能对裁决结果加以纠正或者调整，并不能恢复运动员的程序性权利，更无法对运动员的参赛机会进行救济，而且这还是建立在运动员胜诉的基础上。而在国际体育仲裁院反兴奋剂仲裁分院仲裁机制中，尽管仲裁庭存在一次仲裁终局和二次仲裁终局两种救济模式，但依然没有程序性权利的救济内容。因此，本书认为，应在奥运会体育仲裁程序中设立二次仲裁机制，兼顾实体性权利救济和程序性权利救济。与此同时，依然保留外部司法救济路径，以增加运动员的维权机会。

---

[1] 李贤华：《体育仲裁与司法监督共襄奥运盛举》，载《人民法院报》，2012年7月27日，第8版。

一、内部上诉救济机制

内部上诉救济机制也就意味着建立二次仲裁机制。二次仲裁是对一次仲裁程序不公的纠正,是以二次仲裁的正当程序解决体育争议的救济模式。这种裁决方式既能有效维护运动员的程序性权利,又能保证正义以看得见的方式实现。二次仲裁机制涉及两个步骤:第一步是解决运动员和仲裁庭之间的争议;第二步是通过正当仲裁程序解决当事人之间的争议。在裁决过程中,如果二次仲裁庭证实一次仲裁庭存在程序不公,即可对原仲裁当事人进行二次仲裁。如若认定一次仲裁庭没有程序过错,则可直接驳回申请,维持一次仲裁裁决。

二次仲裁机制的建立既有优点,也有不足。其优点在于能够及时纠正仲裁程序中的疏漏,维护运动员程序性权利,同时也不影响运动员参加比赛的机会。二次仲裁机制的缺陷主要有两点:一是可能影响仲裁庭的公正性。仲裁庭公正要求仲裁庭不能做自己案件的法官,因此,二次仲裁应重新设立仲裁庭,避免参与过一次仲裁的有关仲裁员介入,确保二次仲裁庭的中立性和公正性。二是仲裁工作任务的繁重性。二次仲裁的仲裁庭既要对仲裁程序的公正性作出判断,还要处理仲裁当事人的体育纠纷,工作任务较为繁重。

仲裁目的必须体现法的正义理念,做到既能维护运动员程序性权利,又要稳定竞赛秩序,还要避免正义迟到现象的发生。鉴于两次裁决在顺序上有先后,难易上有不同,所以在适用的策略和手段上也会有所区别,但无论如何都必须遵从竞技赛事规律:一次裁决应遵循公平保速度的原则。保证裁决的公平和仲裁的速度,确保运动员能够及时参加竞赛,确保竞赛秩序稳定;二次裁决须依从公平保质量的原则,即通过实体公正来维护运动员权益,从而稳定竞赛秩序。

第一,公平保速度原则。所谓"公平保速度",是指一次裁决既要公平裁决,又要保证裁决的速度,通过提升裁决速度实现保证竞赛秩序稳定的目的。这也就意味着仲裁速度需建立在公平的裁决之上,同

第五章　奥运会体育仲裁中程序性权利保障路径

时仲裁速度又必须满足赛事的秩序要求，即在竞赛允许的时间范围内。既然一次裁决的主要目的是通过公平来维护竞赛的秩序，它就需要通过灵活、方便、快捷的仲裁机制来完成。根据原来的国际体育仲裁院奥运会特设仲裁分院仲裁规则（旧国际体育仲裁院奥运会特设仲裁分院仲裁规则），仲裁庭完全可以根据需要自行决定仲裁程序，因此，提高仲裁速度不会遇到任何障碍，这是由仲裁庭权力的垄断性决定的。但是，旧国际体育仲裁院奥运会特设仲裁分院仲裁规则仲裁程序选择的强制性和随意性降低了仲裁程序形式的公平性，即损害了运动员的程序性权利。故而，应选择新的国际体育仲裁院奥运会特设仲裁分院仲裁规则，即优化后的国际体育仲裁院奥运会特设仲裁分院仲裁规则。灵活、方便、快捷的仲裁程序要求并不是指仲裁程序的随意性，而是仲裁程序应根据现实需要进行优化，新的国际体育仲裁院奥运会特设仲裁分院仲裁规则要求程序规范、明确、合理，如确有必要减少仲裁程序应附有说明理由，这样既可保证一次裁决的仲裁速度，也兼顾了运动员的程序性权利。因此，新的国际体育仲裁院奥运会特设仲裁分院仲裁规则既体现了仲裁程序公平，又符合赛事秩序稳定的要求。另外，鉴于国际体育仲裁院有数十年的国际体育仲裁实践经验，国际体育仲裁院奥运会特设仲裁分院仲裁庭有丰富的奥运会仲裁经验，因此，由国际体育仲裁理事会建立并完善稳定且适合的奥运会体育仲裁程序更具合理性。国际体育仲裁院反兴奋剂仲裁分院仲裁规则同样可以参考新的国际体育仲裁院奥运会特设仲裁分院仲裁规则的一次裁决的形式进行优化更新，既要强调仲裁的速度，也要体现出程序性权利和实体性权利的双重保障。

　　第二，公平保质量原则。二次裁决与一次裁决的目的不同，二次裁决更加注重结果的公平，因此，以公平保质量原则考虑的重点不再是裁决速度，而是强调仲裁裁决的公平性。这也就意味着仲裁程序不能再任意削减，而应力求仲裁程序完美，充分保障仲裁当事人的程序性权利，通过公平、合理的仲裁程序，实现裁决结果的公正，最终保证竞赛的质量保障。因此，要实现公平保质量必须做到以下几点：一是赋予当事人仲裁程序选择权。仲裁程序选择权是保障当事人程序性权利的第一步。如果没有仲裁程序选择权，程序性权利就处于仲裁机构的自由裁量中，实体性权利的实现也就不具有确定性。当前，国际体育仲裁院反兴奋剂仲裁分院仲裁规则已经规定了当事人的仲裁程序选择权，为当事人程序性权利的实现提供了制度保障。国际体育仲裁院奥运会特设仲裁分院仲裁规则可以此为借鉴，规定当事人仲裁程序的选择权。二是有效保障运动员的参赛权。保证裁决结果公正并非意味着只重视对运动员程序性权利的保护，而不考虑正义迟到的后果。事实恰恰相反，二次仲裁更为注重竞赛秩序和仲裁结果的正义，只不过对运动员的参赛机会和仲裁程序问题要采用一些变通的方式予以解决：为了保证运动员正常参加比赛，仲裁庭可以允许运动员参赛，但参赛结果要受仲裁结果的影响。由于仲裁过程可能会出现仲裁结果出现在运动员参赛之前和参赛之后两种情形，所以，仲裁庭应根据运动员参赛情况作出相应调整。如果仲裁结果产生在参赛之前，运动员就可以参与仲裁的整个过程。但假如仲裁结果出现在竞赛日程之后，仲裁庭就要作出调整，可以允许运动员代理人继续参加仲裁，给予运动员参加比赛的权利。但是，比赛的结果可能受到仲裁结果影响。例如，运动员被起诉服用兴奋剂，二次仲裁时仲裁庭依然确证其服用了兴奋剂，比赛结果即为无效，竞赛组织可取消该运动员比赛成绩，其后面的运动员名次可以依次递升。三是合理管控仲裁程序。首先，限制程序性权利争议申诉的权利类型。鉴于程序性权利内容繁多，允许所有的程序性权利争议都进行申诉显然不现实。如果对任何仲裁程序都以存在权利争议为名进行申诉，就会造成程序性权利侵犯申诉的滥用，因此，对程序性权利争议必须加以限制。在国际体育仲裁院奥运会特设仲裁分院和国际体育仲裁院反兴奋剂仲裁分院仲裁庭的仲裁实践中，涉及的程序性权利主要有申请权、知情权、质证权、辩护权和申诉权等五种权利。但由于申请权和申诉权的适用并不会完全因受到仲裁庭的阻滞而丧失，且知情权、质证权、辩护权是影响仲裁当事人裁决结果的主要程序性权利，因此，可暂时把知情权、质证权和辩护权允许作为法定申诉的权利。其次，遵循正当程序规定，避免无故拖延时间。严格按照法定正当程序进行仲裁，在程序性权利得到保障的基础上实现实体正义。最后，仲裁程序时间考量。二次仲裁同样要限定在整个奥运比赛期间。尽管二次仲裁以保证仲裁质量为要求，通过提高仲裁质量确保裁决结果的公正，但是，仲裁裁决结果的形成依然应限制在奥运会比赛日程之内。如果仲裁时间超过竞赛日程，那么应建议通过外部司法机构进行维权。

鉴于当前奥运会特设仲裁机构已于 2016 年里约奥运会上分设为负责解决普通体育纠纷的特设机构——国际体育仲裁院奥运会特设仲裁分院和反兴奋剂特设机构——国际体育仲裁院反兴奋剂仲裁分院两个机构，并且国际体育仲裁院奥运会特设仲裁分院和国际体育仲裁院反兴奋剂仲裁分院两个机构在审理案件上有时会存在一些交叉，如审理参赛资格选拔权中涉及兴奋剂的相关问题等情况，但它们基本上都是在各自的领域审理相关的案件。同时，根据国际体育仲裁院反兴奋剂仲裁分院仲裁规则第 A1 条，国际体育仲裁院反兴奋剂仲裁分院是负责审理和裁决反兴奋剂案件的一审机构，[①] 这意味着该仲裁程序实际上已形成二次裁决机制。因此，程序性权利的二次仲裁维权形式可以分成两个系统，即处理普通体育纠纷的二次仲裁机制和处理兴奋性纠纷的二次仲裁机制，通过这两个机构实现运动员的程序性维权和实体性维权。那么，为救济和保障运动员的程序性权利，在这两个系统的二次仲裁过程中，应坚持做到一次仲裁以公平保速度，二次仲裁以公平保质量。

当然，一次仲裁要求以公平保速度为原则强调的是形式公平，注重的是竞赛秩序，但不是忽视仲裁质量，只不过结果公平需要当事人

---

① CAS, "Arbitration Rules CAS Anti-Doping Division", https://www.tas-cas.org/en/arbitration/cas-anti-doping-division.html.

的确信。新仲裁制度有利于保障程序性权利,自然也就有助于实体性权利的实现,如果当事人确实认为裁决结果或者仲裁程序不公,就可以继续通过二次仲裁纠正一次仲裁过程中的偏误。至于时间问题更不是创设二次仲裁机制的障碍,如果考虑时间问题,那么对于发生在奥运赛事最后一刻的体育争议,任何机制都无法在比赛期间完成仲裁。那么,运动员就不用维权了吗?显然不是。我们的目的是在有限的时空内创造出一个能够随时用来解决任何体育纠纷的管理机制。换言之,只要有合适的时间,法律就应当满足运动员的维权需要。一次仲裁不能解决的,就交给二次仲裁解决;场内不能解决的,就交给场外解决。

二、外部上诉救济机制

外部上诉救济机制主要指仲裁当事人不服奥运会仲裁庭仲裁裁决,因而向瑞士联邦法院申诉的维权机制。由于奥运会体育仲裁制度规定奥运会体育争端的法定仲裁地为瑞士洛桑,依据仲裁地决定仲裁国籍的国际仲裁基本原理,那么,瑞士联邦法院就成为被间接指定的申诉机构。并且,《瑞士国际私法法案》第191条规定,受理上诉的法院是瑞士联邦法院。故此,一旦仲裁当事人认为自己的程序性权利没有得到保护,就可以向瑞士联邦法院直接申诉。

司法救济是程序性权利救济的最后一道正义防线,同时也是奥运会赛场之外的一种特殊救济形式,尽管它不能纠正赛场上的不公、错判或者错罚,但它可以促进仲裁程序的公正,一定程度上有助于维护运动员的现实利益,因此,司法救济同样不可或缺。瑞士联邦法院的救济途径通常仅限于程序方面的理由,不会审查各种实质性问题,且审查的内容与国际商事仲裁司法审查内容几乎一致,主要包括管辖权、管辖范围、仲裁庭组成、平等听证权和是否违反公共政策等内容。[①]

[①] 郭树理:《国际体育仲裁机制的制度缺陷与改革路径——以佩希施泰因案件为视角》,载《上海体育学院学报》,2018年第6期,第6—9页。

关于奥运会体育争议的司法救济机制，学者们既有认同也有批判。普遍认同的是法律适用的一致性。法律仲裁地的指定决定了仲裁地的司法国籍是瑞士，因此，在适用法律上就不用考虑其他国家法律制度的适用，这就保证了法律适用形式上的一致性和连贯性，避免了法律适用形式的不公。但是，如若频繁更换仲裁地点就有可能导致法律适用的不同。司法救济受到批评的原因在于瑞士联邦立法机构对国际体育仲裁的实体性审查存在缺失。根据法理，司法审查中程序公正和实体公正同样重要，且不可偏废。[1]可见，救济当事人的权利应当坚持实体公正和程序公正相结合的原则。同理，救济奥运会体育仲裁过程中当事人的程序性权利，同样也不能完全剥离实体性的公正审查。追根溯源，法律理念是法律制度的基石。法律理念的本质制约着法律制度的形式，不同的法律理念导致出现不同的法律制度。[2]瑞士联邦法院仅审查国际体育仲裁程序的做法源于瑞士联邦立法机关在该领域的法律理念，这反映出瑞士联邦立法机关对国际体育纠纷还没有达到足够重视的程度。《瑞士国际私法法案》第190条第2款规定了司法审查范围，其与国际商事仲裁的审查内容形式上并没有多少区别。审查内容除公共秩序外，主要是对仲裁程序的司法审查。另外，更为关键的是仲裁程序的司法审查并非为保障当事人程序性权利，而是在于发现和确认奥运会仲裁庭是否存在程序违法，其审查的结果要么是推翻仲裁结果，要么是维持仲裁结果。因此，这只能算是对奥运会仲裁庭侵犯当事人程序性权利的一种惩罚措施，并且在司法实践中，瑞士联邦法院推翻国际体育仲裁机构裁决结果的案例也只有一次。目前，世界性的竞技体育正散发出勃勃生机，为人们的生活带来了乐趣，为世界经济发展注入了活力。但与此同时，体育争端也不断涌现，它不仅涉及运动员的个人利益，同时也关乎竞技体育的正常发展。因此，国际社

---

[1] 周小祥:《由两起专利无效案谈实体公正原则与程序公正原则在专利无效审查中的适用》，载《法制博览》，2015年第10期(上)，第76页。

[2] 汪习根主编:《法律理念》，武汉:武汉大学出版社，2006年版，第18页。

会对体育争议的增多应予以重视,作为负责奥运会体育争议的指定法院——瑞士联邦法院应当有所作为。

本书认为,在维持瑞士联邦法院司法地位的基础上,应该采取以下举措:一是重塑公平正义的法律理念。法律理念是法律制度的先导,有了正确的法律理念,才能形成科学理性的法律制度。公平正义观是法律理念的内核,人权保障是法律理念的终极理想。面对国际性的体育纠纷,瑞士联邦立法机关同样应当顺应当前国际体育的发展趋势,重塑公平正义理念,维护运动员的正当权益,这既符合国际人权法的规定,也是依循奥林匹克精神之要求。《世界人权宣言》第1条规定:"人人生而自由,在尊严和权利上一律平等。"奥林匹克的基本理念是:"体育运动是一项人权。"当前,瑞士立法机关应重新审视国际社会需要,以《世界人权宣言》的制度规定为要求和方向,以弘扬奥林匹克精神为主旨,牢固树立公平正义的法律理念。二是建立完备的司法审查制度。国际体育仲裁程序的司法审查通常脱离不开相关实体问题,瑞士立法机关应当建立起国际体育仲裁的实体问题审查制度。完备的司法审查制度是维护运动员权利的前提和基础,依循公平正义的法律理念,瑞士联邦立法机关应该扩大司法审查范围,增加对实体性内容的审查。现实中,完备的司法审查制度并不会影响国际体育仲裁院在奥运会中解决体育纠纷的地位和作用,以及奥运会仲裁庭的正当裁决过程,但可以起到监督限制奥运会仲裁庭仲裁员行为的重要作用。在实践操作中,完善的司法审查制度可以保证瑞士联邦法院的司法审查有法可依,有利于确保运动员程序性权利得到精准确认,使运动员的利益受损降到最低,成为真正维护弱势群体运动员的守护神。三是国际司法机关的相互协作。由于《瑞士国际私法法案》采用仲裁地标准,所以,瑞士联邦法院可以对仲裁地在瑞士的任何裁决行使撤销权。奥运会体育纠纷的指定地点是瑞士洛桑,那么,瑞士联邦法院就成为可以对奥运会仲裁裁决行使撤销权的唯一司法审判机构。同时,由于大多数国际体育组织的总部均设在瑞士,因此,也基本不需要其他国家的司法机构颁布撤销令。但是，仍然有一小部分国际体育组织的总部在瑞士以外的国家，如"国际网球联合会"在英国伦敦。在此种情况下，即便是瑞士联邦法院撤销了仲裁裁决，仍然还需要有关国际体育组织和相关运动员遵守该法院的判定。如果当事人双方的任何一方不遵守法院判定，那就需要涉事国家司法机关的大力配合。另外，运动员遍及世界各地，非体育组织总部所在国的运动员及其国家主权同样需要尊重。因此，在司法判决执行方面有必要加强国际范围内的合作。首先，体育组织总部所在国在司法审查上应协商一致，达成共识。法律基础上的一致可以避免法律依据上的争议，为司法判决的执行提供稳妥可靠的依据。其次，司法审查的法律事实、法律依据及审查结果都应通知当事人和当事人的所在国法院，让相关方了解事实真相。相关方对法律事实、法律依据和审查结果的充分了解有助于问题的解决。即便这样未能改变国际体育组织的决定，也依然有助于当事人及其当事国、仲裁地国，以及国际体育组织的良性互动和相应调整，有助于运动员程序性权利的保护，有助于奥运会事业的良性发展。

本章小结

程序性权利的规范确认是当事人维权的法律基础，有了程序性权利的规范确认，运动员作为奥运会体育仲裁中的弱势一方就可依法进行维权。除了理解、认识和强调程序性权利的重要性之外，还必须梳理清楚程序性权利的各种法律关系，探明程序性权利规范确认的适宜机构，拟定程序性权利规范确认的有效范式，从而最终形成法律意义上明确的程序性权利。

程序性权利的监督主体包括司法机关、仲裁机构和社会群体。当前合乎法律意义的司法监督机构是瑞士联邦法院，但其对奥运会仲裁过程的管理方式具有被动性，不能起到有效监督仲裁程序是否公正的作用。最好的司法监督形式应该是法律仲裁地法院与实际仲裁发生地法院的有机结合，共同监督奥运会的仲裁程序，确保仲裁程序公正，维护当事人程序性权利。仲裁机构监督是内部监督机制，内部监督机制重点是健全院长负责制下的监督机制，落实各项具体监督任务，做到分工明确、任务具体、执行有效、监督得力。社会群体的监督也应大力倡导，以有效保障仲裁过程中当事人的程序性权利。

程序性权利的救济有内部上诉救济机制和外部上诉救济机制两条路径。内部上诉救济机制即设立二次仲裁程序，通过二次仲裁实现程序性权利和实体性权利的双重维护。一次仲裁须坚持公平保速度原则，促进的是竞赛效率，体现的是秩序价值。二次仲裁应坚持公平保质量原则，重在维护运动员的程序性权利和实体性权利，凸显的是权利导向。同时，仲裁过程中应注意当事人的仲裁程序选择权、运动员的参赛权以及竞赛的时间正义要求。外部上诉救济机制即司法机关的救济机制，它是运动员维护程序性权利的最后一道防线。通过司法机关审查仲裁程序，纠正对程序性权利的侵犯行为。在审查仲裁程序是否违规的过程中，应坚持实体公正和程序公正相结合的原则，确保运动员的各项权益得以实现。在维护运动员程序性权利过程中，司法机关应坚持公平正义理念、完善司法监督机制、加强国际司法合作。

第六章　中国体育仲裁制度及其程序性权利保障

中国体育仲裁制度是中国竞技体育发展的重要制度保障之一。2022年,《体育仲裁规则》的公布和实施标志着中国的体育纠纷可以通过体育仲裁机构——体育仲裁委员会来解决。本章重点论述中国体育仲裁制度的发展历程、中国体育仲裁制度中程序性权利研究范围及其现状、中国体育仲裁制度中程序性权利的保障路径。

第一节　中国体育仲裁制度的发展历程

竞技体育是我国体育强国建设的重要内容之一。自新中国成立以来,中国始终重视竞技体育的发展。为此,在新中国成立初期,中国就创立了"举国体育"的竞技体育发展模式。伴随着中国体育竞技水平的逐步提升,以及体育市场经济的稳步发展,"举国体育"的发展模式已不再是中国体育事业的唯一发展手段。"体育强国"理念开始成为体育事业的发展导向并逐渐深入人心,它要求体育事业的各领域全面发展。但是,无论是"举国体育"的竞技体育发展模式,还是"体育强国"的发展理念,竞技体育都在体育发展事业中占据重要地位。并且,当前的体育赛事可以说愈发的频繁和多样化。如国际比赛中的奥运会、世界杯，区际比赛的亚运会、欧洲杯、泛美运动会，国内的全运会、城运会等，各种体育俱乐部比赛层出不穷。在国内各种体育比赛大幅增加的情况下，体育纠纷也随之增加，建立专门的体育解纷机构迫在眉睫。为此，中国1995年通过的《中华人民共和国体育法》第33条就规定："在竞技体育活动中发生纠纷，由体育仲裁机构负责调解、仲裁。体育仲裁机构的设立办法和仲裁范围由国务院另行规定。"然而，该法条规定的内容较为宏观，具体的操作指导性有限，因而并没有促成体育仲裁机构的建立。2022年6月通过的《中华人民共和国体育法》则在第九章专门列出了体育仲裁的相关规定，为体育仲裁制度的制定和通过奠定了充分的法律依据。首先，该法第91条明确规定："国家建立体育仲裁制度，及时、公正解决体育纠纷，保护当事人的合法权益。体育仲裁依法独立进行，不受行政机关、社会组织和个人的干涉。"可以看出，该条精确阐释了体育仲裁机构的管理职能。其次，第92条规定了仲裁机构的管辖内容，即体育竞赛参赛资格的取消、体育比赛成绩的取消、禁赛等方面的争议。最后，第93条则明确了体育仲裁制度的制定办法："国务院体育行政部门依照本法组织设立体育仲裁委员会，制定体育仲裁规则。"基于以上《中华人民共和国体育法》中有关仲裁制度的规定，我国的体育仲裁制度得以很快出台。2022年12月22日，《体育仲裁规则》经国家体育总局第二次局务会议审议通过并公布，自2023年1月1日起施行。中国体育仲裁制度的出台为体育纠纷的仲裁管理提供了法律依据。在体育仲裁制度发展过程中，中国大致经历了四个阶段，具体如下：

第一阶段，社会经济体制转型，体育市场快速发展，体育纠纷频繁出现，社会各界呼吁建立仲裁机构。源于计划经济向市场经济发展模式的转变，体育运动也走向了市场化。在此背景下，为了维护体育赛事的公平，稳定体育市场经济发展，体育界和法学界纷纷提出建立专门的体育管理机构化解体育矛盾。早在1995年，徐永泉、陈小惠就针对"广州市信鸽协会举办的广州至岳阳信鸽比赛"的体育争议提出了"这起体育竞赛纠纷案应由谁来管"之问。① 同年，我国第一版《中华人民共和国体育法》通过并予以公布，《中华人民共和国体育法》第33条规定了国务院应建立体育仲裁机构以管理竞技体育纠纷。

第二阶段，探研体育纠纷的管理缺陷，强调体育法治的有效运行。首先，韩勇经研究认为，我国体育纠纷多采用自行和解、体育社团内部解决、行政部门调解和裁决、诉讼等方式解决，存在体育主管部门、仲裁机构及法院之间管辖关系不明确的情况。② 郭树理以足球运动为例，指出了体育内部组织纪律处罚存在的问题，如"行使处罚权与纠纷处理权的机构过多，权限划分不明确"，"处罚与纠纷处理程序存在问题"，"自我设定的内部程序最高效率存在问题"。③ 其次，针对体育纠纷管理缺陷，学界纷纷强调法治介入的重要性。鉴于法治是社会管理的最后底线，体育纠纷在必要时需要司法介入。如韩勇认为，体育纠纷在解决机制应该多元化，其中就包括司法的介入。甚至也有学者认为，司法不仅是社会正义的最后一道防线，也是许多体育纠纷的最终解决途径。法谚讲，任何人都不能做自己案件的法官。体育纠纷在体育自身框架内解决的确存在公平问题，必须寻求更加有效的力量——司法力量。④

第三阶段，借鉴国内外仲裁的先进经验，论证中国体育仲裁制度的构建。我国学者对国际体育仲裁院进行了较为充分的研究，以促进中国体育仲裁制度的形成。郭树理在2002年对国际体育仲裁院体育仲裁机制的产生历史、国际体育仲裁院的独立性，以及国际体育仲裁院仲裁机构之组成及其职能等问题进行了述评，并分析了国际体育仲

---

① 徐永泉、陈小惠:《这起体育竞赛纠纷案应由谁主管》，载《中国律师》，1995年第2期，第13页。
② 韩勇:《体育纠纷的法律解决机制》，载《首都体育学院学报》，2004年第4期，第57—58页。
③ 郭树理:《体育组织内部纪律处罚与纠纷处理机制的完善——以中国足球协会为例》，载《法治论丛》，2003年第3期，第71—74页。
④ 魏波、罗大钧:《体育纠纷司法介入之思考》，载《武汉体育学院学报》，2005年第4期，第5—8页。

院解决体育纠纷存在的优势以及中国对该机构之利用等问题。[①] 黄世席则通过对美国业余体育仲裁制度的研究,提出体育仲裁已经逐渐成为当今社会解决体育争议的主要方式。他提出:一方面,我国应建立自己的体育仲裁机构来解决体育纠纷;另一方面,还应明确体育主管部门的裁决、仲裁机构的裁决以及法院管辖之间的关系。[②]肖永平等人则在研究英国体育仲裁制度的基础上,提出了我国体育仲裁机制建设的重要构想:第一,体育仲裁机构应单独设置,性质为非营利性的民间机构,并由相关部门提供足够的资金和人员保障;第二,体育仲裁程序可以吸收国际体育仲裁院体育仲裁程序和英国体育解纷机构体育仲裁程序的仲裁规则,同时参照我国商事仲裁规则进行设计。[③]巩庆波认为,国际体育仲裁机构的发展历程为我国体育仲裁制度的建立提供了参考,职业体育发达国家的仲裁制度值得借鉴,协调好各方面法律关系,建立适合我国国情的体育仲裁制度是众望所归。[④]

第四阶段,顺应中国竞技体育事业发展要求,构建和完善中国体育仲裁制度。根据体育赛事的组织形式、性质、地域以及季节等标准要求,我国大型体育赛事有综合类赛事、常规性单项赛事和其他类重点赛三种主要类型。其中,综合类赛事又分为全运会(夏冬季)、城运会和全体育大会、其他(学生、工人、农民、少数民族、伤残人)运动会等形式;常规性单项比赛主要分为球类(包括联赛、杯赛)和非球类(包括锦标赛、冠军赛)两种形式;而其他类重大赛事主要是临时性的重大赛事。另外,我国还会参加各种大型国际赛事。[⑤]因此,及时、有效、公平、公正地化解体育纠纷不仅是竞技体育事业有序运行

---

① 郭树理:《国际体育仲裁院体育仲裁制度评述》,载《体育与科学》,2002年第6期,第29—31页。

② 黄世席:《美国业余体育仲裁制度的启示》,载《体育学刊》,2004年第5期,第18—21页。

③ 肖永平、周青山:《英国体育仲裁制度及其对我国的启示》,载《贵州警官职业学院学报》,2010年第1期,第10—13页。

④ 巩庆波:《我国体育仲裁制度建设研究》,载《西安体育学院学报》,2014年第6期,第652—656页。

⑤ 张瑞林主编:《体育管理学》(第三版),北京:高等教育出版社,2015年版,第245页。

的重要保障，也是我国体育领域和谐安定的需要，更是体育相关产业良性拓展的基础。如前所述，体育仲裁是当今社会解决体育纠纷的最佳途径。建立体育仲裁机构不仅是参赛运动员的众望所归，更是国家和社会的一项重要任务。《中华人民共和国体育法》的出台为中国体育仲裁机制的建立提供了有力的法律根据。依循《中华人民共和国体育法》第93条规定，国家体育总局于2022年依法设立了专门处理体育纠纷案件的仲裁机构，并制定了相应的体育仲裁制度——《体育仲裁规则》。现今，体育仲裁机构为化解我国体育纠纷提供了路径通道，这在一定程度上改变了体育领域中管理者既是运动员，又是裁判员的情况。随着仲裁机构的建立，对体育仲裁制度的研究逐渐增多。如李智、王俊晖经过对中国体育仲裁制度的研究认为，在处理运动员合同纠纷案件中，体育仲裁委员会要比劳动仲裁委员会更适合对其进行管辖。但在解决体育纠纷时，体育仲裁委员会应适当行使管辖权，做好解纷机制和体育仲裁的衔接工作。另外，还要确保中国的体育仲裁与国际体育仲裁有机衔接。[①] 徐伟康经研究指出，我国体育仲裁制度体现了中国特色，涉及职权主义与独立运行双向并行、效率取向与公正取向动态平衡、体育自治与司法介入有机统一、国内法治和涉外法治统筹推进等亮点。但是，有必要进一步理清中国体育仲裁的独立性、管辖范围和与国际体育仲裁的关系。可以预见，随着我国学者的不断深入研究，中国体育仲裁制度必将更加丰富和完善，更加有助于体育各项事业的蓬勃发展。

第二节　中国体育仲裁制度中程序性权利研究范围及其现状

当前，体育仲裁被普遍认为是化解竞技体育矛盾纠纷最方便、最快捷和最有效的途径。纵观体育仲裁的发展史，自1984年国际体育仲

[①] 李智、王俊晖：《体育仲裁制度建设重点问题研究》，载《体育学刊》，2024年第2期，第16—22页。

裁机构——国际体育仲裁院成立以来，世界发达国家纷纷效仿国际体育仲裁院的管理模式，建立本国的专门的体育仲裁机构以解决国内的体育纠纷，如美国 2001 年成立体育仲裁小组，加拿大 2002 年成立体育争议解决中心，日本 2003 年成立日本体育仲裁机构等。可以说，体育仲裁机构的设立、体育仲裁制度的形成，迅疾且有效地维护了竞技体育的比赛秩序。而我国于 2022 年成立国家体育仲裁委员会，以专门化解国家管辖范围内的竞技体育纠纷。我国体育仲裁制度汲取了国内外体育仲裁机制的经验，体育仲裁制度的内容较为丰富，制度规则共 78 条。本章以前文对奥运会体育仲裁中程序性权利的研究为对比参照，分别对中国体育仲裁制度中运动员的申请权、质证权、辩护权、知情权和申诉权进行剖析，希望为优化我国的体育仲裁制度提供一孔之见。

第一，申请权。申请权是指公民、法人或其他组织根据法律规定，向国家机关、社会组织或其他特定主体提出请求，以寻求某种法律保护或利益的权利。它是公民基本权利的一部分，通常被认为是程序性权利的重要组成部分，旨在保障个体或组织通过合法程序实现自身权益。申请权是现代法治社会中保障个人与社会权益的重要权利之一。它的核心在于通过程序性机制，帮助个体和组织实现其实体性权利，并推动法律和公共服务的公平与高效。在体育仲裁中，申请权则是指体育争议的当事人基于合同、章程或者法律的规定，将体育争议提交给体育仲裁机构裁决的权利。这种权利通常由教练员、运动员、俱乐部、体育组织或利益相关方行使，以解决与体育活动相关的法律或合同问题。在中国体育仲裁制度中，《体育仲裁规则》第 4 条规定："当事人共同将纠纷提交体育仲裁委员会仲裁的，视为同意按照本规则进行仲裁。"并且，即便没有约定仲裁机构，"但能够确定是体育仲裁委员会的，视为同意将纠纷提交体育仲裁委员会仲裁"。《体育仲裁规则》第 11 条规定："当事人可依据仲裁协议向体育仲裁委员会申请仲裁。仲裁协议包括合同中订立的仲裁条款和在纠纷发生前或发生后达成的具有仲裁意思表示的协议。"由此可知，体育争议当事人可以根据仲裁协议向体育仲裁委员会申请仲裁。在没有仲裁协议的情况下，当事人也能够向体育仲裁委员会申请仲裁。这说明中国体育仲裁制度赋予了当事人较为宽泛的申请权。在奥运会体育仲裁制度中，仲裁规则第 10 条规定："任何希望向国际体育仲裁院奥运会特设仲裁分院提交争议的个人或法人实体，均应向仲裁分院办公室提交书面申请。"可见，奥运会体育仲裁制度对体育仲裁人的申请权限制更为严格，没有仲裁协议，或者没有达成仲裁协议，当事人无法申请奥运会体育仲裁机构的仲裁。

第二，质证权。质证权是指当事人在诉讼或仲裁中针对对方提供的证据提出质疑、发表意见的权利。主要是对证据的真实性、合法性和关联性提出意见，同时要求对方加以解释或补充。在性质上，质证权既是程序性权利，也是对抗性权利，且要求诉讼参与人具有地位的平等性。在体育领域，体育仲裁机构是解决体育纠纷的主要机构，我国的体育仲裁机构是体育仲裁委员会。与其他类型的仲裁程序一样，体育仲裁中也涉及证据的使用和质证，质证权的行使对于形成公平、公正的裁决至关重要。另外，与传统的司法程序相比，体育仲裁中的质证权有其独特之处，主要体现在以下几个方面：一是涉及特殊领域的证据。体育仲裁常涉及专业性较强的证据，如竞技比赛录像、运动员体能数据、兴奋剂检测结果等。二是高度专业化的质证。体育仲裁中的质证涉及的常常是体育领域中非常专业的问题，而不仅是一般性的质疑。甚至在某些情况下，还要依靠生物学、医学和法医学等领域的专家来帮助审查。三是时间和效率的挑战。体育仲裁一般要求在较短时间内作出裁决，特别是在与比赛结果相关的争议中。为了保障质证权的有效行使，仲裁程序往往要求当事人迅速而有效地提交证据，并在仲裁庭上迅速进行质证。可见，体育仲裁中的质证权是确保裁决公正的核心组成部分。它不仅能够让当事人有效地维护自身权益，还能确保仲裁结果的合法性、合理性和公正性。并且，体育争议案件越复杂，质证程序对于仲裁的审理质量而言就越重要。在此过程中，质证程序的专业性和高效性成为关键要素。

《体育仲裁规则》第44条规定："开庭审理的案件，在庭审前已经交换的证据应当在庭审调查中出示，由当事人互相质证。""经过庭前质证的证据，仲裁庭在庭审调查中说明后，可以不再出示和质证。"该条规定了当事人的质证权，但对当事人质证权的保障措施没有详尽说明。如庭前质证是否充分？如何保障庭前的质证是充分的？已经交换的证据在庭审中由当事人相互质证，质证的程序又是怎样的？《体育仲裁规则》第45条规定："证人出庭作证时，仲裁庭、当事人可以就作证内容向证人提问，证人应当如实作出回答。"那么，何谓"如实作出回答"？没有"如实作出回答"的后果又是如何？这里没有作出具体的规定，也没有详尽的情况说明。最后，在听取有关专业技术人员的专业技术意见上，当事人同样拥有确切的质证权利。《体育仲裁规则》第47条规定："当事人申请听取有关专业技术人员专业技术意见的，应当在提交的书面申请中明确有关专业技术人员的身份信息、联系方式以及拟证明的专业技术性问题等内容，并附有关专业技术人员的身份证明文件及其具有相关专业技术水平的证明文件。是否接受当事人申请，由仲裁庭决定。"由该条内容可知，当事人能否获得专业技术人员的专业技术意见并不确定。在奥运会体育仲裁中，当事人的质证权难以得到保障。奥运会体育仲裁规则第15条规定："开庭时，仲裁庭应当听取当事人的意见和在证据方面采取一切适当的措施，当事人在开庭时应当提出其试图举证的所有证据和应当立即听证的证人。"该条表明，当事人能否行使质证权由仲裁庭决定。即在奥运会体育仲裁中，当事人的质证权取决于仲裁庭的独立性、公正性，甚至仲裁员的能力水平。

第三，辩护权。辩护权是指在法律程序中，当事人及其代理人在指控或诉求面前，为维护自身权益采取反驳、申辩等行为的权利。这一权利贯穿整个仲裁程序，其目的是保证任何一方在法律程序中都不会因信息不对称或程序不平等而受到不公正的对待。在体育仲裁中，辩护权是体育仲裁专业、公正的有效保证。其中，运动员或者其他当事人能否在仲裁程序中有效行使辩护权成为关键要素。而有效行使辩护权，则通常要以知情权、陈述权、证据提交权、代理权和上诉权为基础。例如，《与体育有关仲裁法典》第 44 条规定了当事人在体育仲裁中享有全面的辩护权，包括提交证据、要求听证和聘请代理人等。第 57 条规定："仲裁小组主席可要求调阅其裁决成为上诉对象的联合会、协会或体育相关机构的档案。在将国际体育仲裁院档案移交给仲裁小组后，仲裁小组主席应就听证会相关事项发布指示，包括对当事人、证人和专家的询问，以及口头辩论的安排。"由此可见，辩护权的有效行使可以体现体育仲裁程序的正义，可以促进体育仲裁审理的公正，可以提升体育仲裁裁决结果的公信力。根据《体育仲裁规则》的内容可知，当事人体育仲裁的辩护权得到了很大程度的保障。一是在知情权方面，当事人申请仲裁的受理、仲裁庭的组成、仲裁员的独立和公正的承诺、仲裁员应回避情形的声明等均可以及时通知当事人。如《体育仲裁规则》第 31 条规定了仲裁委员会应当在仲裁庭组成起五日内，将组庭情况通知当事人。《体育仲裁规则》第 32 条则规定了仲裁员收到组庭通知后应当签署声明书，承诺独立、公正仲裁，并主动书面披露其知悉的可能引起对其独立性、公正性产生合理怀疑的情形。二是在证据的提交上，《体育仲裁规则》第 43 条规定了当事人应当对自己的主张承担举证责任，仲裁庭可以规定当事人提交证据的期限。逾期提交的证据仲裁庭可以不予接受。三是在代理权上，《体育仲裁规则》赋予了代理人相关的权利、义务。《体育仲裁规则》第 25 条规定："当事人可以委托中国或外国的仲裁代理人办理有关仲裁事项。当事人或其仲裁代理人应向体育仲裁委员会提交载明具体委托事项和权限的授权委托书。"四是在陈述权上，《体育仲裁规则》第 36 条规定："在任何情形下，仲裁庭均应公平公正地对待双方当事人，给予双方当事人陈述与辩论的合理机会。"另外，《体育仲裁规则》第 47 条还规定："当事人各自申请的专业技术人员可以就鉴定意见或者专业技术性问题对质。"五是在上诉权上，《体育仲裁规则》第71条规定："仲裁庭作出的裁决是终局裁决，自裁决作出之日起发生法律效力。"可见，《体育仲裁规则》并没有赋予当事人向法院上诉的权利。综上分析，《体育仲裁规则》赋予了当事人体育仲裁较为充分的辩护权，可以为当事人有效维护自身权益提供保障，但没有赋予当事人上诉权。

第四，知情权。广义上讲，知情权是指当事人获取信息的自由和权利。狭义上讲，它是指在进行法律程序时，当事人能够及时、准确地了解与案件相关的信息、证据和程序安排的权利。知情权是个人基本权利的一部分。在体育仲裁中，知情权的保障不仅关乎运动员的合法权益，还直接关乎仲裁程序的公正性和透明度。更为重要的是，它还影响到仲裁结果的公平性和稳定性。我国的体育仲裁制度对与案件相关的信息、证据的提交以及程序的安排等都给予了一定程度的保障。如《体育仲裁规则》第64条规定："特别程序中，仲裁文件一般通过电子邮件、电话等形式送达当事人或其仲裁代理人，通过电话形式送达的，体育仲裁委员会应当随后补充发送书面仲裁文件。"该书面仲裁文件的补充发送就是对当事人或者仲裁代理人的知情权的保障。在仲裁庭的组成上，《体育仲裁规则》第67条规定："仲裁员收到组庭通知后，应当立即书面披露其知悉的可能引起对其独立性、公正性产生合理怀疑的任何情形，并在存在该情形时立即回避。"这既体现了仲裁庭的独立性、公正性，也是对当事人知情权的维护。然而，并非体育仲裁制度中所有的规则都能完全保障当事人的知情权。例如，在仲裁程序安排上，《体育仲裁规则》第36条规定："除非当事人另有约定，仲裁庭有权决定采取适当的方式审理案件。"那么，适当的方式是什么？如何保障仲裁程序的正当性和合理性？这里没有进一步说明。另外，在提交证据方面，仲裁庭可以自主决定证据提交期限。而对当事人提交证据的及时性、完整性、专业性和可获取性均没有详细规定，仅要求遵循谁主张谁举证的基本原则。该证据提交规定的不严谨很可能会在一定程度上影响当事人的知情权。

综上分析，我国体育仲裁制度在申请权、质证权、辩护权、知情权等程序性权利的保障上均优于奥运会体育仲裁规则。而在上诉权上，我国的体育仲裁规则和奥运会体育仲裁规则一样，都以仲裁庭所作裁决为终局裁局。我国在制定体育仲裁制度的过程中汲取了国内外优秀的体育仲裁相关理论和实践经验，并且，我国学者对国内外相关体育仲裁制度尤其是奥运会体育仲裁制度的大量研究，也为我国构建较为完整的体育仲裁制度提供了理论基础和方法路径。

第三节 中国体育仲裁制度中程序性权利的保障路径

一、注重基本思想理念

仲裁裁决结果的公正性要求仲裁程序设置具备正当性、合理性和必要性，基于此，中国体育仲裁制度需要设定正当、合理、必要的仲裁程序。换言之，体育仲裁中只有当事人的程序性权利得到切实、有效的保障，仲裁裁决结果的公正性才有可能真正得到实现。反之，如果仲裁程序的设置严重失当、程序性权利明显缺失，当事人的合法利益就难以得到合理救济和及时维护。在保护当事人体育仲裁中的程序性权利时，中国体育仲裁制度与奥运会体育仲裁制度一样，都必须遵循竞技体育的基本思想理念，即公平、秩序、人权、效率等思想理念。

第一，坚持公平理念。公平意味着在体育仲裁规则面前人人平等。其具体表现如下：一是程序公平。程序不因人而设，应事先设置，并且程序设置还要公开透明，切实做到程序面前人人平等。在此过程中，仲裁机构应独立、中立、公正，不受外部环境干扰，仲裁人员应品行端正、思想独立、裁决客观。另外，还要定期对仲裁机构进行检查评估，确保仲裁机构始终保持独立、中立、公正。二是结果公平。实现仲裁结果公平，要求证据事实客观、法律依据全面，以及各方利益经过综合考量。仲裁员审理案件时,既要遵循体育仲裁的法律制度规定,还要严格审查证据及事实的客观性、真实性和有用性,做到事实证据确凿、理由翔实充分、法律规定明确。在利益考量上,对于私人个体的体育纠纷,仲裁机构应充分考虑各方利益,通过协商、调解等方式,寻求各方利益的平衡点。对于公共的体育纠纷,仲裁机构应在确保公平的前提下,优先考虑对公共利益的保护。

第二,维护秩序理念。维护秩序涉及两个方面:一是体育竞赛秩序。维护竞赛秩序就是要保障体育比赛规则的正常运行,而确保体育比赛规则的正常运行则要求仲裁机构公平、公正、高效地作出裁决。同时,维护体育竞赛秩序也需要参赛运动员和其他参与人员遵守竞赛规程和赛场规定。他们遵守体育赛场赛事规则有利于保障体育竞赛秩序。在此过程中,体育行业组织可以通过自律机制加强对运动员、教练员和工作人员的管理和监督。例如,制定行业规范、职业道德准则等。二是体育仲裁秩序。要想维护体育仲裁秩序,应做到以下四个方面:首先是体育仲裁标准的一致性。制定统一的体育仲裁标准和规则,可以确保仲裁结果的一致性和可预测性。其次是体育仲裁人员的专业性。体育仲裁人员的专业性是有效裁决体育纠纷的关键所在,是高效处理体育纠纷的保障。再次是体育仲裁机构的中立性。体育仲裁机构的中立性可以确保体育仲裁结果的公正性,避免由于利益纠纷导致裁决结果的不公。最后是体育仲裁机构的权威性和公信力。权威性和公信力是体育仲裁秩序稳定的重要保障,有权威性和公信力的仲裁结果更容易得到当事人的信服和执行。

第三,保护人权理念。人权是指人应当享有的权利。它包括但不限于基本生存权、发展权、政治权利、经济社会和文化权利。在体育仲裁中,当事人应当享有的权利主要是平等参与权、公平竞争权、人格尊严权、公正裁决权和发展权。平等参与权要求体育仲裁机构仲裁程序不能因人而异,在仲裁程序规则面前应人人平等。例如,仲裁员信息的公开,该仲裁程序的设置既保障了当事人的知情权,也是当事人平等参与体育仲裁的体现。公平竞争权是运动员的重要人权。只有公平竞争，竞技体育比赛的价值才能得以彰显。因此，体育仲裁在处理涉及运动员参赛资格、比赛成绩、兴奋剂违规等体育争议时，要确保仲裁规则的制定和执行符合公平竞争的原则要求，既维护体育竞赛的公正性和纯洁性，又保障运动员的合法权益。人格尊严权是人格权中的核心权利，包括肖像权、荣誉权、名誉权、姓名权和隐私权等权利。我国宪法明确规定人格尊严不受侵犯。在体育仲裁中，人格尊严权同样至关重要，具体表现为当事人的隐私权和个人信息应当受到合理保护，当事人的名誉和形象不得受到损害，它既是竞技体育精神文明的要求，也是体育仲裁中必须坚守的人权保障信念。公正裁决权要求体育仲裁机构作出的裁决客观、公正、合理、合法。体育仲裁机构也只有进行公正裁决才能体现其权威性、公信力，以及继续存在的价值意义。运动员及体育从业者等应享有在体育领域充分发展的权利，体育仲裁应有助于促进体育事业的健康发展，为当事人提供良好的发展环境和机会。仲裁机构在处理纠纷时，应综合考虑体育行业的长远利益和可持续发展，通过公正合理的裁决，维护体育市场的稳定和秩序，保障各方的合法权益，为体育人才的培养、体育产业的繁荣创造有利条件，推动体育事业不断进步。

第四，注重效率理念。效率意指在不同条件下完成同一任务（或相同任务）的功效对比。在体育仲裁中，同样要注重体育仲裁效率，它既是体育竞赛在时间上的必然要求，也是体育仲裁机构能力的体现，更是仲裁程序设置合理性的反映。提高体育仲裁效率应做到以下几点。一是体育仲裁程序的高效。体育仲裁程序的高效表现在仲裁程序的简化、仲裁期限的缩短、重大赛事或者紧急情况下特别程序的设立、通过利用高科技技术手段或者完善内部管理机制提高仲裁效率。二是合理分配仲裁资源。合理分配仲裁资源主要包括以下几点。首先，优化体育仲裁机构人员配置。按照体育纠纷的类型和数量，合理配置仲裁人员，确保有足够的专业力量处理各类体育纠纷。其次，加强体育仲裁机构的信息化建设。体育仲裁信息管理系统的建立可以提高体育仲裁各项工作的效率,避免人为的工作错漏。最后,合理利用外部资源。专业问题需要专业机构和专家的助力来解决。合理利用外部资源就是要与体育法学研究机构等专业机构建立合作关系,借助外部专家的力量处理复杂的体育纠纷。对于专业性较强的问题,可以委托专业机构进行鉴定和评估,以提高仲裁结果的准确性和权威性。

在制定和完善体育仲裁制度时,应当坚持法定思维、系统思维、科学思维和发展思维,以确保体育仲裁制度的科学性、现代性和高效性。

第一,法定思维。法定思维指的是依据法律规范和法定程序解决问题。该思维方式强调以法律为依据,注重规则性和程序性,要求行为和决策符合既定的法律规范要求。法定思维不仅是法律工作者的重要技能,也是社会治理和个人权利保障的重要工具。其主要特征表现为规范性、程序性、逻辑性、客观性和可预见性。可以说,法定思维是法律实践中的核心思维方式,它是推动社会法治化的重要力量,通过规范性、程序性、逻辑性、客观性和可预测性的有机结合,法定思维可以有效保障公平正义、维护社会秩序稳定、推动国家治理法治化科学化。法定思维在体育仲裁中同样不可或缺,它确保了体育仲裁过程的合法性、公正性和透明性,为体育仲裁提供了科学的裁决工具。在体育仲裁中,当事人程序性权利的法定性主要表现为三个方面:一是程序性权利的确定性。申请权、质证权、辩护权、知情权和申诉权作为当事人的基本权利,应当在体育仲裁制度中有明确规定,这是当事人维护自身程序性权利的直接依据。二是体育仲裁制度应当充分说明仲裁程序的具体内容,这是当事人实施程序的法定依据。三是对于违背体育仲裁程序的行为应规定其法律责任。

第二,系统思维。系统是指由多个相互依存的部分组成的有机整体,并且每个系统都有其自身的目的、功能和结构。系统思维就是要求主体在对待问题时要全面性思考、整体式理解,而不是只解决局部问题。系统思维要求既要明确系统的目的，又要掌握系统的结构，同时，还要详细分析系统的各项功能。系统思维的核心原则是整体性、相互依赖性、动态性、反馈环路和时间延迟等内容。那么，在体育仲裁中，系统思维就是首先要明确体育仲裁中程序性权利保障的目的。掌握了我国体育仲裁中程序性权利保障的基本目的，也就理解了保护体育仲裁中程序性权利的重要性。其次，应当熟悉体育仲裁中的各项程序性权利。明确了体育仲裁中程序性权利的内容，也就掌握了体育仲裁中程序性权利的整体结构。最后，还必须深刻认识体育仲裁中各项程序性权利的功能。理解了各项程序性权利的功能，也就掌握了维护实体性权利的直接路径。在此基础上，通过相应的反馈机制，如通过司法程序监督，了解体育仲裁程序的执行情况，促进当事人程序性权利的实现。

第三，科学思维。科学思维是人类认知世界的一种方式，是通过逻辑推理、观察实验和批判性分析来理解自然现象、验证假设并揭示真理的思维方法。科学思维强调在分析问题时，要依据客观事实和逻辑推理，反对主观思维和经验习惯。其主要特征是：基于客观证据、注重逻辑推理、结论可重复验证、鼓励质疑现有理论观点、研究方法系统等。在体育仲裁中，保护当事人程序性权利的科学思维应当做到：一是尊重客观事实。这个客观事实就是要以体育仲裁制度中的制度规定为依循。既要掌握体育仲裁制度中的具体规定是否存在，还要明确该制度规定是否周全。并且，该制度规定具有可执行性等特点。换言之，制度规定是法律判决裁定的大前提，是程序性权利保护的必然依据。二是注重因果关系。维护当事人的程序性权利应当注重因果逻辑。只有明确程序性权利受到侵犯的大前提，才能有的放矢，发现问题的关键所在。三是注意系统逻辑。系统逻辑强调的是程序性权利和效率的比例关系。若二者不可兼得，就必须作出价值判断，保护最应当保护的权益。总之，以科学思维保护当事人的程序性权利，要求重视客观证据的存在、因果逻辑的关联，以及在体育仲裁过程中合理兼顾效率和程序性权利。

第四，发展思维。在现代社会中，随着科技迅猛发展、全球化进程加速，以及各种复杂挑战不断涌现，发展思维成了一种必不可少的思维能力。它不仅要求解决现有问题，更要求敏锐洞察未来潜力和可能性。广义上讲，发展思维是指通过积极、开放和创新的思维方式，不断推动个人、组织或社会的成长和进步。它涉及如何从不同的角度看待问题、发现机会、解决挑战，并且不断适应持续变化的环境。发展思维不仅与当前的技术进步和社会变革紧密相关，还直接影响到个人成长、职业生涯和创新能力。因此，发展思维可以理解为一种动态的、面向未来的思维方式，它不仅聚焦当下的问题与挑战，更强调在不断变化的环境中寻求创新、增长和改进的路径。其核心理念是，发展不仅是对现有状态的改善，而且通过系统化的思考、规划和行动推动长远的进步。发展思维要求制度要面向未来、开放、包容、灵活、适应、长远、系统。具体表现为：创新意识、眼光长远、实践能力和反思能力。在体育仲裁中，发展思维同样不可或缺。在体育赛事中，运动项目、竞赛规则、物质条件、科技进步等要素的些许变化在某种程度上会改变体育争议的形态及体育仲裁的难易程度。如运动竞赛中时常会新增一些体育赛事项目，它们或是民族传统体育项目或是现代新潮运动项目，新的项目意味着新的规则和新的争议点，而这会对体育仲裁提出不一样的要求。同样，新的竞赛规则、不同的物质条件，以及新兴科技的加持也会带来类似的结果。因此，体育仲裁机构必须学会适应，要以发展思维来定位自己的责任，要不断了解体育赛事中的各种条件变化，做到未雨绸缪，及时掌握体育争议形式的变化，掌握相应体育规则的核心要点，制定不同类型体育争议的应对策略。在此过程中，切记避免盲目自信、马虎大意。另外，发展思维还要求体育仲裁机构根据体育赛事的发展变化及社会秩序安定的要求，不断发展和完善体育仲裁制度，确保对当事人程序性权利的保障和救济。

二、强化协同治理机制

第一,参与主体协同共治。一般而言,协同治理是指多元主体共同参与社会公共事务管理的一种治理模式。在此过程中,它强调主体多元、平等合作、资源共享。其价值意义在于提高治理效率、增强民主治理、促进合法治理、化解社会复杂的治理难题。在体育仲裁中,影响当事人程序性权利的参与人群主要有仲裁人员、双方或多方当事人、相关媒体、相关社群、司法人员等。其中,仲裁人员和司法人员分属仲裁机构和司法机构,具有管理者、执法者的身份背景。其他人群则可称为相关参与人,但只有当事人是利益的相关方。因此,体育仲裁中的协同共治可以看成是仲裁庭、上诉法庭和相关参与人的三方共治。在此三方中,仲裁庭是程序性权利的主导者,因为仲裁庭是体育仲裁程序的设计者和执行者。相关参与人可以看作程序性权利保障的监督者。毫无疑问,当事人是体育仲裁程序的直接参与者和利益相关者,亦称程序性权利的直接承担者。而社会公众和媒体则是体育仲裁的间接监督者,但是,他们的监督作用不容小觑。媒体的宣传作用可以增加社会的关注度,引起广泛的社会讨论,进而形成一定的社会舆论压力,可以促使仲裁机构作出相应改变以维护当事人的程序性权利。司法机构是权力机构,可以评定仲裁机构的仲裁程序是否违法,可以要求其改变仲裁违法行为,从而维护当事人的程序性权利。仲裁庭、上诉法庭和相关参与人的协同共治有利于促进对当事人程序性权利的保障。协同共治可以分步进行:一是确定治理目标;二是动员参与主体;三是建立合作机制和沟通平台;四是实施共同治理行动;五是评估和反馈;六是科学修订体育仲裁制度。

第二,内外机制协同共治。内部机制是指管理体育争议的体育仲裁机制,外部机制是指由于当事人不满体育仲裁裁决而进行司法诉讼的上诉机制。内外机制协同共治有利于确保体育仲裁程序的公平、公正,有利于维护当事人的程序性权利。在内部机制中,为保证体育竞赛的秩序，通常会简化仲裁程序，简化过程中要力求保证仲裁当事人的必要的、基本的程序性权利。内部机制如果不影响当事人竞赛，则可以充分保障当事人的程序性权利，以维护当事人的切身利益。总而言之，程序的设置既要有利于比赛利益，还要兼顾当事人的权益。在外部机制中，司法机构重在监控程序的违法，而不涉及实体。专业的事情应当交由专业的机构和人员处理。针对违法程序可以撤销裁决，驳回重新仲裁。

本章小结

中国体育仲裁制度的形成经历了体育管理机构的萌芽阶段、体育法治的探索阶段、中国体育仲裁制度的可行性研究阶段，直至最后中国体育仲裁制度的建立完善阶段。中国体育仲裁制度在借鉴和吸收国内外仲裁机制优点的基础上形成发展，因此，对程序性权利的保障相较奥运会体育仲裁制度要更为完善。

中国体育仲裁制度在保护当事人的程序性权利方面有一定长处，也存在一些不足。如李智和王俊晖认为，中国体育仲裁制度的临时措施尚有完善的空间，需要构建"法律–规则–办法"于一体的规则体系。体育仲裁制度应与国际接轨，关注国际体育仲裁的新发展、新变化。[①] 在程序性权利的保障方面，国内外体育仲裁制度的基本理念存在相通之处，即需要保障竞技赛事秩序、保障运动员等当事人的权利公平等。所以，在中国体育仲裁制度的发展过程中，一要坚持公平、秩序、人权、效率的基本思想理念。二要强化协同治理机制，这里既包括参与主体的协同共治，也包括执行程序机制的相互协同。

---

① 李智、王俊晖：《体育仲裁制度建设重点问题研究》，载《体育学刊》，2024年第2期，第15—22页。

结 论

关于奥运会体育仲裁中程序性权利的研究极为重要，它事关仲裁程序的公平、公正，是运动员实体性权利实现的根本保障。然而，在奥运会的仲裁实践中，仲裁机构却更为强调仲裁速度，仲裁程序可以自由裁量，这就使运动员程序性权利的保障处于不确定中。俗话说，欲速则不达。奥运会体育仲裁机构为了维护竞赛秩序而提高仲裁速度，有可能导致仲裁效果大打折扣。体育仲裁需要速度，但那是建立在公平之上的速度。仲裁程序应该有确定性，仲裁过程应当公正，只有这样才能真正实现对运动员权利的维护，才能保证奥运会的竞赛秩序稳定。为保证仲裁程序的公平、公正，本书从法律理念、法律原则、权利确认、权力监督和权利救济等方面进行了研究，并得出以下结论：

第一，奥运会体育仲裁中程序性权利保障机制的优化需要正确的理念和科学的原则。理念是优化奥运会体育仲裁中程序性权利保障机制的灵魂，并贯穿于整个仲裁过程中。正确的理念可以为优化奥运会体育仲裁中程序性权利保障机制提供指引，确保仲裁程序的公平性和公正性。坚持正确的理念就是坚持社会的基本价值观念，它们为社会普遍认可，故而不会产生根本歧义。当前，坚持正确的理念就是指坚持人权、公平、效率和秩序四种价值理念，在这四种价值理念的引导下优化奥运会体育仲裁制度，可以使运动员程序性权利得到更好保障。

科学的原则为奥运会体育仲裁制度的优化提供规则和保障。针对优化奥运会体育仲裁制度的人权、公平、效率、秩序的价值理念，结合奥运会的实际状况，科学原则的内容就是以人为本、主从协调、内外结合、程序公正四项原则。以人为本原则是以捍卫人权为目的，在奥运会体育仲裁过程中表现为尽可能保障运动员的各项有关权益；主从协调原则意指在仲裁过程中坚持时间正义理念的同时应尽最大可能保障程序正义的实现，做到既能提高仲裁效率，又能保障程序正当，最终实现运动员的实体性权利；内外结合原则是指体育纠纷的行业内部管理采用一次性救济模式，仲裁管理采用二次仲裁机制，这样既可以更好地提高仲裁效率，又可以保障运动员的仲裁权益；程序公正原则则强调程序正当，它要求保障运动员的程序性权利。正当的仲裁程序不仅能够有效保障运动员的程序性权利，也能够推动正义以看得见的方式实现。

第二，程序性权利的规范确认为运动员维权奠定了坚实基础。有权利就要有救济，权利的救济需要法律制度的规范确认。首先，程序性权利的规范确认是运动员维权的前提和基础。法律规范的确立意味着当事人各方法律关系的明确，法律关系的调整则是运动员维护自身程序性权利的必由之路。其次，程序性权利规范确认的主体应该是国际体育仲裁管理机构，即国际体育仲裁理事会。国际体育仲裁管理机构是第三方机构，也是国际奥委会的指定管理机构，通过该机构确立程序性权利具有合理性。最后，范式理论在法律规范确权中具有促进作用。以法律推理三段论模式为参考进行法律制度的确权，不仅可以有效确定相应主体的权利和义务，而且便于法律关系的推理和调整，从而有利于维护仲裁当事人的程序性权利。

第三，仲裁程序公正需要全面系统的监督机制。权力失去监督就容易滋生腐败。维护仲裁程序公正，需要加强监督管理。只有通过全面系统地监督，才能真正实现仲裁程序的公正。当前，打造司法机关、仲裁管理机构和社会群体三位一体监督机制是实现全面系统监督的重要路径。首先，司法机关监督具有权威性，在仲裁过程中可直接查明并纠正仲裁的不公或缺漏，实现仲裁程序公正。其次，仲裁管理机构作为监管主体，业务更为精熟，应该担当起监督的责任。为更好发挥仲裁管理机构的监督作用，需要形成专门监督小组来保证仲裁程序公正。最后，社会群体监督起到辅助作用。社会群体包括媒体、仲裁当事人和其他体育参与群体。媒体的作用在于通过舆论监督，促进仲裁程序公正；仲裁当事人参与仲裁过程，可以直接进行程序性权利的维护；其他体育参与群体可以通过司法监督机关和仲裁管理组织发挥监督作用。

第四，对运动员程序性权利的救济应当以内部上诉机制为主、外部上诉机制为辅。内部上诉机制意指建立二次仲裁机制，它可以直接纠正仲裁程序错误，保证程序性权利及时实现，同时，也不会影响运动员参加竞技比赛。另外，减少了运动员通过其他途径救济可能产生的各种成本。可以说，采取内部上诉机制能够产生一举多得的效果，故而，内部上诉机制应作为主要的救济途径。外部上诉机制意指司法救济路径。尽管司法机构不是体育领域争议的主要解纷机构，但却是不可或缺的，因为它是救济运动员程序性权利的最后一条路径。司法救济机制的存在在一定程度上可以避免国际体育仲裁院仲裁程序的过度削减，必要时可以通过程序审查撤销错误的裁决。只不过目前司法救济机制还不全面，仅以审查仲裁程序为主。若要更好地维护运动员权益，司法救济机制还需要不断完善。另外，司法救济是事后审查，并不能改变已有的对程序性权利的侵犯行为。因此，司法救济只能起到辅助救济作用。

总之，维护运动员程序性权利需要不断完善奥运会体育仲裁制度，需要执裁主体始终坚持公平、公正的理念，需要进行科学、合理的监督机制，需要司法机关认真、坦诚地协同守护。在人类社会的发展过程中，制度设计的初衷尽管总是向好的，但人类认识事物本质的能力毕竟有限，同时还要受到各种社会条件的制约，这就需要我们不断地调整和修正制度设计。在奥运会体育仲裁中，仲裁机制同样也会存在各种缺陷和不足，因此，为维护运动员程序性权利，推进仲裁制度的优化、加强对仲裁程序的监督、给予相应的司法救济也就成为必然之举。与此同时，中国体育仲裁制度在借鉴国际体育仲裁制度优点的基础上形成，更加有利于维护当事人的程序性权利。中国体育仲裁制度仍在不断发展进步之中，并不断促进着中国体育事业的稳步发展。

参考文献

一、中文著作

[1]曹琼.高考作文经典素材活学速用[M].湖北:崇文书局有限公司,2014.

[2]陈光中.刑事诉讼法[M].北京:北京大学出版社,2016.

[3]陈华荣,王家宏.体育的宪法保障:全球成文宪法体育条款的比较研究[M].北京:北京体育大学出版社,2014.

[4]陈景辉,王锴,李红勃.理论法学[M].北京:中国政法大学出版社,2016.

[5]陈瑞华.程序性制裁理论[M].北京:中国法制出版社,2017.

[6]程味秋,杨诚,杨宇冠.公民权利和政治权利国际公约培训手册:公正审判的国际标准和中国规则[M].北京:中国政法大学出版社,2002.

[7]达维德.当代主要法律体系[M].上海:上海译文出版社,1984.

[8]代华琼.在权利与秩序之间:新自由主义与新保守主义政治哲学批判[M].上海:上海三联书店,2016.

[9]戴木才,靳凤林.时代变革与伦理学发展:伦理学论文选粹[M].北京:中共中央党校出版社,2005.

[10]第29届奥林匹克运动会组织委员会.北京奥运会、残奥会市民读本[M].北京:北京出版社,2008.

[11]丁兰.最新企业经济纠纷防治及法律处理实务全书:上卷[M].北京:中国物价出版社,1999.

[12]丁夏.国际投资仲裁中裁判法律研究[M].北京:中国政法大学出版社,2016.

[13]董立平.高等教育管理价值通论[M].厦门:厦门大学出版社,2014.

[14]董小龙,郭春玲.体育法学[M].北京:法律出版社,2013.

[15]樊崇义,夏红.正当程序文献选编[M].北京:中国人民公安大学出版社,2004.

[16]房广顺.中国国际战略思想新论[M].沈阳:辽宁大学出版社,2006.

[17]冯芸.和谐视域下道德教育的实现问题研究[M].济南:山东教育出版社,2014.

[18]郭道晖.法理学精义[M].长沙:湖南人民出版社,2005.

[19]郭树理.国际体育仲裁的理论与实践[M].武汉:武汉大学出版社,2008.

[20]郭树理.外国体育法律制度专题研究[M].武汉:武汉大学出版社,2008.

[21]郭威.银行业竞争与效率研究:基于市场结构的视角[M].北京:中国财政经济出版社.2013.

[22]韩勇.体育法的理论与实践[M].北京:北京体育大学出版社,2009.

[23]鸿雁.年轻人必知的2000个文化常识[M].北京:中国华侨出版社.2014.

[24]胡玉鸿.法律原理与技术[M].北京:中国政法大学出版社,2002.

[25]黄捷.论程序化法治:当代中国社会主义法治国家建设之路和生态环境[M].北京:中国法制出版社,2008.

[26]黄进.体育争议与体育仲裁初探[C]//武汉大学国际法研究所,北

京仲裁委员会.2006年体育仲裁国际研讨会论文集.武汉大学国际法研究所,2006:16.

[27]姜明安.行政法和行政诉讼法[M].北京:北京大学出版社,2015.

[28]江伟,肖建国.仲裁法[M].北京:中国人民大学出版社,2016.

[29]敬大力.检察实践论:下[M].北京:中国检察出版社,2016.

[30]季卫东.法律程序的意义[M].北京:中国法制出版社,1993.

[31]季卫东.法治秩序的建构[M].北京:中国政法大学出版社,1999.

[32]李步云.人权法学[M].北京:高等教育出版社,2015.

[33]李昌盛.刑事审判:理论与实证[M].北京:中国民主法制出版社,2015.

[34]李龙.宪法基础理论[M].武汉:武汉大学出版社,1999.

[35]李龙.法理学[M].武汉:武汉大学出版社,2011.

[36]李伟民,阎承铸.中国审判学[M].北京:人民法院出版社,1988.

[37]李晓春,刘丽.诉讼法基本范畴研究[M].长春:吉林人民出版社,2005.

[38]李智.体育争端解决法律与仲裁实务[M].北京:对外经济贸易大学出版社,2012.

[39]刘东岳,任国升,闫屹,等.大学生基础素养[M].保定:河北大学出版社,2013.

[40]刘建军.行政调查正当程序研究[M].济南:山东大学出版社,2010.

[41]刘思强.垄断企业营销道德:测评及影响[M].北京:经济管理出版社,2016.

[42]刘文峰.犯罪收益独立没收程序研究[M].北京:中国政法大学出版社,2016.

[43]刘想树.中国涉外仲裁裁决制度与学理研究[M].北京:法律出版社,2001.

[44]刘想树.国际体育仲裁研究[M].北京:法律出版社,2010.

[45] 刘远.刑事法哲学初论[M].北京:中国检查出版社,2004.

[46] 罗传贤.行政程序的基本理论[M].台北:五南图书出版社,1993.

[47] 吕世伦,周世中.以人为本与社会主义法治[M].西安:西安交通大学出版社,2016.

[48] 吕世伦,公丕祥.现代理论法学原理[M].西安:西安交通大学出版社,2016.

[49] 龙卫球,王文杰.两岸民商法前沿:第5辑[M].北京:中国法制出版社,2016.

[50] 娄万锁.中国海关改革的政治学分析[M].上海:上海人民出版社,2015.

[51] 马富春,王娜.高校辅导员工作手册[M].石家庄:河北人民出版社,2015.

[52] 马宏俊.体育法案例评析[M].北京:中国政法大学出版社,2017.

[53] 孟繁超,闫弘宇.职业律师大辞典:第1卷[M].长春:吉林摄影出版社,2003.

[54] 潘念之.法学总论[M].上海:知识出版社,1982.

[55] 潘少华.死刑辩护权论[M].北京:中国人民公安大学出版社,2013.

[56] 乔欣.仲裁法学[M].北京:清华大学出版社,2015.

[57] 乔晓春.聆听柏拉图:你本身就是最棒的[M].北京:北京联合出版公司,2016.

[58] 秦奥蕾.基本权利体系研究[M].济南:山东人民出版社,2009.

[59] 全国招标师职业资格考试辅导教材指导委员会.招标采购专业实务[M].北京:中国计划出版社,2015.

[60] 全国导游人员资格考试教材编写组.政策与法律法规[M].北京:中国石化出版社,2016.

[61] 史飚.商事仲裁监督与制约机制研究[M].北京:知识产权出版社,2011.

[62]宋涛.守护正义:西方司法之路[M].长春:长春出版社,2016.

[63]孙宏坤.程序与法治[M].北京:中国检察出版社,2008.

[64]孙杰.竞技体育犯罪的刑法规制研究[M].济南:山东人民出版社,2014.

[65]孙笑侠.法律人之治:法律职业的中国思考[M].北京:中国政法大学出版社,2005.

[66]孙膺杰,宋相官.法学基础理论教程[M].长春:吉林人民出版社,1985.

[67]谭兵.中国仲裁制度研究[M].北京:法律制度出版社,1995.

[68]谭小勇.Lex Sportiva 研究[M].上海:上海交通大学出版社,2016.

[69]王超.刑事诉讼法学习小词典[M].北京:中国法制出版社,2006.

[70]王洁.社会安全管理概要[M].北京:中国政法大学出版社,2015.

[71]王敏远.刑事诉讼法学:上[M].北京:知识产权出版社,2013.

[72]王守安.中国检察[M].北京:中国检察出版社,2013.

[73]王婉婷.中国商业银行差异化监管研究:基于监管效率的视角[M].北京:首都经济贸易大学出版社,2016.

[74]汪习根.法律理念[M].武汉:武汉大学出版社.2006.

[75]王岩.西方政治哲学史[M].北京:世界知识出版社,2010.

[76]伍浩鹏.贫弱被追诉人法律援助权研究[M].北京:中国法制出版社,2007.

[77]肖永平.体育争端解决模式研究[M].北京:高等教育出版社,2015.

[78]辛辉,荣丽双.法律的精神:法律格言智慧警句精选[M].北京:中国法制出版社,2016.

[79]邢建国,汪青松,吴鹏森.秩序论[M].北京:人民出版社,1993.

[80]宣善德.律师公证与仲裁制度[M].北京:中国政法大学出版社,2005.

[81]徐显明.国际人权法[M].北京:法律出版社,2004.

[82]严存生.西方法律思想史[M].北京:中国法制出版社,2012.

[83]杨年松.职业竞技体育经济分析与制度安排[M].北京:经济管理出版社,2006.

[84]杨荣新.新民事诉讼法教程[M].天津:南开大学出版社,1992.

[85]杨天勇.法院书记员职业化概论[M].北京:中国政法大学出版社,2015.

[86]伊强.行政法学[M].北京:知识产权出版社,2013.

[87]应松年.行政程序法立法研究[M].北京:中国法制出版社,2001.

[88]于憬之.传统文化中的治国理政智慧[M].北京:人民日报出版社,2015.

[89]张大松,蒋新苗.法律逻辑学教程[M].北京:高等教育出版社,2003.

[90]张光杰.法理学导论:第3版[M].上海:复旦大学出版社,2015.

[91]张海燕.山东大学法律评论:第5辑[M].济南:山东大学出版社,2008.

[92]张红宇.公平与效率视域下我国政府经济行为研究[M].沈阳:东北大学出版社,2013.

[93]张璐.定罪证明标准研究[M].北京:中国人民公安大学出版社,2016.

[94]周平轩.论公平与效率:关于公平与效率的理论分析和历史考察[M].济南:山东大学出版社,2014.

[95]曾庆敏.精编法学辞典[M].上海:上海辞书出版社,2000.

[96]张翔.基本人权的规范架构[M].北京:高等教育出版社,2008.

[97]张文显.二十世纪法哲学思潮研究[M].北京:法律出版社,2006.

[98]张文显.法理学[M].北京:高等教育出版社,2011.

[99]周青山.体育领域反歧视法律问题研究[M].武汉:武汉大学出版社,2015.

[100]周晓唯.经济活动中的法律问题[M].西安:陕西师范大学出版总

社,2016.

[101]中共中央马克思恩格斯列宁斯大林著作编译局.马克思恩科斯全集:第1卷[M].北京:人民出版社,1956.

[102]中共中央马克思恩格斯列宁斯大林著作编译局.马克思恩格斯全集:第3卷[M].北京:人民出版社,1960.

[103]《新形势下做好党风廉政建设和反腐败工作学习读本》编写组.新形势下做好党风廉政建设和反腐败工作学习读本[M].北京:红旗出版社,2013.

二、中文译著

[1]阿尔顿.自由与权力[M].侯健,范亚峰,译.北京:商务印书馆,2001.

[2]阿伦森,威尔逊,埃克特.社会心理学[M].侯玉波,译.北京:世界图书出版社,2012.

[3]贝勒斯.法律的原则:一个规范的分析[M].张文显,译.北京:中国大百科全书出版社,1996.

[4]博恩.国际仲裁:法律与实践[M].白麟,陈福勇,李汀洁,等译.北京:商务印书馆,2015.

[5]谷口平安.程序的正义与诉讼[M].王亚新,刘荣军,译.北京:中国政法大学出版社,1996.

[6]柯匹,科恩.逻辑学导论[M].张建军,潘天群,顿新国,译.北京:中国人民大学出版社,2014.

[7]庞德.通过法律的社会控制:法律的任务[M].沈宗灵,董世忠,译.北京:商务印书馆,1984.

[8]庞德.普通法的精神[M].唐前宏,廖湘文,高雪原,译.北京:法律出版社,2018.

[9]萨尔托尔.法律推理:法律的认知路径[M].汪习根,唐勇,武小川,等译.武汉:武汉大学出版社,2011.

[10]伊利.民主与不信任:关于司法审查的理论[M].朱中一,颐运,译.北京:法律出版社,2003.

三、中文期刊报纸

[1]蔡宏生.论证据规则在国际体育仲裁院(CAS)仲裁程序中的运用[J].浙江体育科学,2013,35(5):9.

[2]成靖.法理学视野中的反垄断法:从社会权力的角度理解反垄断[J].求是学刊,2007,34(5):87.

[3]邓琦.论和谐社会中的法律程序至上[J].北方经贸,2011(5):25.

[4]龚飞.国际体育仲裁院及其制度探析[J].安阳师范学院学报,2006(2):138.

[5]高媛,董小龙.奥运仲裁的司法监督问题[J].法治论丛,2018,23(4):131-134.

[6]高薇.论司法对国际体育仲裁的干预[J].环球法律评论,2017(6):176.

[7]郭树理,周青山.雅典奥运会体育纠纷仲裁经典案例评析[J].法制资讯,2008(Z1):63-64.

[8]郭树理,李倩.奥运会特别仲裁机制司法化趋势探讨[J].体育科学,2010,30(4):3.

[9]郭树理,宋彬龄.论兴奋剂案件中双方的专家证据力量之平衡:以国际体育仲裁院专家证据制度为视角[J].法学评论,2012(1):90-99.

[10]郭树理.重来之赛,规则已殇:里约奥运会"重赛风波"的法律思考[J].法学评论,2017(1):138-149.

[11]郭树理.国际体育仲裁机制的制度缺陷与改革路径:以佩希施泰因案件为视角[J].上海体育学院学报,2018,42(6):6.

[12]韩勇.体育处罚的正当程序研究[J].首都体育学院学报,2006,18(1):70-71.

[13]贺嘉.CAS奥运会特别仲裁机构内部监督机制的研究[J].天津体

育学院学报,2016,31(5):429.

[14]黄晖.论国际体育仲裁庭之权限:特别以CAS奥运会特设仲裁为例[J].武汉体育学院学报,2011(12):38-44.

[15]黄晖.体育仲裁先例论:CAS仲裁经验的中国化[J].武汉体育学院学报,2014,48(2):31.

[16]黄进.奥林匹克运动会仲裁规则[J].仲裁与法律,2004(5):130-136.

[17]黄世席.国际体育仲裁院发展之探析[J].中国体育科技,2005,41(4):47.

[18]姜世波.Lex Sportiva:全球体育法的兴起及其理论意义[J].天津体育学院学报,2011,26(03):222.

[19]姜熙.CAS奥运体育仲裁的程序正义[J].体育学刊,2011,18(1):46.

[20]孔祥生.论公民程序性权利的基本内涵[J].学术交流,2006(6):42.

[21]李国际,夏雨.知情权的宪法保护[J].江西社会科学,2007(2):192.

[22]李文利,征汉年.权利意识:现代法治的内在动力[J].经济与社会发展,2006,4(7):89-90.

[23]黎军.论司法对行业自治的介入[J].中国法学,2006(4):71.

[24]刘浩然.社会科学比较研究方法:发展、类型与争论[J].国外社会科学,2018(1):123.

[25]彭君,王小红.作为基本权利的申诉权及其完善[J].法律适用,2013(11):93.

[26]乔坤,马晓蕾.论案例研究法与实证研究法的结合[J].管理案例研究与评论,2008(1):62.

[27]宋彬龄.美国和日本兴奋剂案件独立仲裁程序研究[J].中国体育科技,2014,50(2):138.

[28]宋彬龄.2014索契奥运会体育仲裁案件述评[J].湘江法律评论,2015(1):206.

[29]苏明忠.国际体育仲裁制度评介[J].中外法学,1996(6):41.

[30]王家宏,陈华荣.用尽体育行业内部救济机制原则的反思:兼谈奥运会对我国社会治理的部分影响[J].体育与科学,2009,30(1):3.

[31]王曦.失衡与矫正:程序至上主义:以美国刑事诉讼为视角[J].检察前沿,2009(12):44.

[32]王锡锌.行政过程中相对人程序性权利研究[J].中国法学,2001(4):78.

[33]汪习根,陈焱光.论知情权[J].法治与社会发展,2003(2):62-68.

[34]向会英.国际体育仲裁院与"Lex Sportiva"的发展研究[J].体育与科学,2016,33(6):41.

[35]谢明.奥运会参赛资格案的国际仲裁审查原则探析:从CAS案例出发[J].法学评论,2016(6):136.

[36]熊瑛子.论国际体育仲裁司法审查中的实体性公共秩序[J].体育科学,2014,34(12):87-88.

[37]熊瑛子.国际体育仲裁中越权裁决的司法审查[J].苏州大学学报,2016(4):27.

[38]杨帆.试论审判公正[J].辽宁工学院学报,2004,6(6):68.

[39]于善旭.法治奥运在北京奥运会的实现及其深远影响[J].首都体育学院学报,2016,28(3):199.

[40]于善旭.法治奥运在北京奥运会的实现及其深远影响[J].首都体育学院学报,2016,28(3):200.

[41]尹晓敏.高校管理中学生程序性权利研究[J].教育科学,2005,21(4):50.

[42]张春良.论国际体育仲裁中的衡平救济:基于CAS衡平仲裁之考察[J].西安体育学院学报,2012,29(2):143-149.

[43]张昌文.法律至上、程序中心和自由本位:现代化法律的三维透视

[J].法制与社会发展,1995(5):4.

[44]张军.民事诉讼质证程序模式思考[J].探索与争鸣,2003(12):116.

[45]张琪.伦敦奥运会体育仲裁案例对维护奥运权益的启示[J].搏击(体育论坛),2014,6(7):30.

[46]赵旭东.程序正义概念与标准的再认识[J].法律科学(西北政法学院学报),2003(6):90.

[47]周青山.奥运会争议仲裁发展浅析[J].山东体育学院学报,2007(8):17-18.

[48]朱霖.竞技赛事中运动员权利法律保护研究[J].体育文化导刊,2018(2):80-81.

[49]朱文英.北京奥运会仲裁裁决述评[J].天津体育学报,2009,24(1):48.

[50]李贤华.体育仲裁与司法监督共襄奥运盛举[N].人民法院报,2012-07-27(8).

四、中文学位论文

[1]段鹏飞.论程序公正在我国法治建设中的应用[D].西安:西安科技大学,2005:13.

[2]韩勇.体育纪律处罚研究[D].北京:北京体育大学,2006:29.

[3]胡敏洁.论行政相对人程序性权利[D].南京:河海大学,2003:4-5.

[4]宋超锋.里约奥运会体育仲裁案件研究[D].湘潭:湘潭大学,2017:42.

[5]尚华.论质证[D].北京:中国政法大学,2011:14.

[6]孙笑侠.程序的法理[D].北京:中国社会科学院,2000:8.

[7]于宏.权利救济方法研究[D].长春:吉林大学,2004:6-7.

五、英文著作

[1] ANDERSON J. Modern sports law[M]. Oxford: Hart Publishing, 2010.

[2] ANDERSON J. Leading cases in sports law[M]. The Hague: T. M. C. Asser Press, 2013.

[3] BHATIA V K, CARZONE G, DEGANO C. Arbitration awards[M]. Newcastle Upon Tyne: Cambridge Scholars Publishing, 2012.

[4] DWORKIN R M. A matter of principle[M]. Oxford: Harvard University Press, 1985.

[5] KAUFMANN G. Arbitration at the Olympics: issues of fast-track dispute resolution and sports law[M]. The Hague: Kluwer Law International, 2001.

[6] KRAMER L D. The people themselves: popular constitutionalism and judicial review[M]. Oxford: Oxford University Press, 2004.

[7] LINDHOLM J. Arbitration for sport and its jurisprudence[M]. The Hague: T. M. C. Asser Press, 2019.

[8] MESTRE M A. The law of the Olympic games[M]. The Hague: T. M. C. Asser Press, 2009.

[9] MITTEN M J. Sports law in the United States[M]. New York: Wolters Kluwer Law & Business, 2014.

[10] NAFZIGER J A R, ROSS S F. Handbook on international sports law[M]. Cheltenham: Edward Elgar, 2011.

[11] REEB M. Digest of CAS awards III: 2001-2003[M]. The Hague: Kluwer Law International, 2004.

[12] SIEKMANN R C R, SOEK J. Lex sportiva: what is sports law?[M]. The Hague: T. M. C. Asser Press, 2012.

[13] WILD A. CAS and football: landmark cases[M]. The Hague: T. M. C. Asser Press, 2012.

六、英文期刊

[1] DAVANLOO M R. The procedural rules of the court of arbitration for sport [J]. Journal of politics and law,2017,10(4).

[2] DUVAL A. The "Swiss army knife" of CAS arbitration [J]. The international sports law journal,2015,15(1/2).

[3] DUVAL A. Cocaine, doping and the court of arbitration for sport[J]. The international sports law journal,2015,15(1/2).

[4] DUVAL A. Getting to the games: the Olympic selection drama(s) at the court of arbitration for sport[J]. The international sports law journal,2016,16(1/2).

[5] DUVAL A,RAM H,VIRET A,et al. The world anti-doping code 2015: ASSER international sports law blog symposium[J]. The international sports law journal,2016,16(1/2).

[6] DUVAL A. Questioning the (in)dependence of the court of arbitration for sport[J]. The international sports law journal,2016,15(3/4).

[7] DUVAL A. The Russian doping scandal at the court of arbitration for sport: lessons for the world anti-doping system[J]. The international sports law journal,2017,16(3/4).

[8] GMEINER G, REICHEL C, KULOVICS R, et al. Defending dynepo detection[J]. Drug testing and analysis,2010,2(11/12).

[9] GODIN P D. Sport mediation: mediating high performance sports disputes[J]. Negotiation journal,2017,33(1).

[10] GUILLEN M C D. The defencelessness and inmotivation as causes of invalidity of the arbitration award in the venezuelan law[J]. Revista de derecho privado,2016,0(31).

[11] HAEMMERLE C L. Choice of law in the court of arbitration for sport: overview, critical analysis and potential improvements[J]. The international sports

law journal,2013,13(11).

[12] HAKES J K,TURNER C. Pay,productivity and aging in major league baseball[J]. Journal of productivity analysis,2011,35(1).

[13] HARST M V D. MAVROMATI D,REEB M. The code of the court of arbitration for sport:commentary,cases and materials[J]. The international sports law journal,2016,16(1/2).

[14] HUMPHREYS B R,PYUN H. Monopsony exploitation in professional sport:evidence from major league baseball position players,2000 – 2011[J]. Managerial and decision economics,2017,38(5).

[15] JONES C,WILSON C. Defining advantage and athletic performance:the case of Oscar Pistorius[J]. European journal of sport science,2009,9(2).

[16] KIDD B. Towards responsible policy–making in international sport:reforming the medical-scientific commissions[J]. Sport in society,2018,21(5).

[17] KORNBECK J. Dispute resolution in sport:athletes,law and arbitration[J]. Sport,ethics and philosophy,2017,11(4).

[18] LILJEBLAD J. Foucault, justice, and athletes with prosthetics:the 2008 CAS arbitration report on Oscar Pistorius[J]. The international sports law journal,2015,15(1/2).

[19] MACIEJEWSKI J J,OZAR D T. Natural law and the right to know in a democracy[J]. Journal of mass media ethics,2005,20(2).

[20] MCLAREN R. The CAS AHD at the Athens Olympic Games [J]. Marquette sports law review,2004,15(1).

[21] MIRONI M. The promise of mediation in sport–related disputes[J]. The international sports law journal,2017,16(3/4).

[22] MOTYKA – MOJKOWSKI M,KLEINER K. The Pechstein case in Germany:a review of sports arbitration clauses in light of competition law[J]. Journal of european competition law & practice,2017,8(7).

[23] ORTH J F. Striking down the "Osaka rule":an unnecessary departure

[J]. The international sports law journal,2012(28).

[24]ROGOL A D,PIEPER,L P. Genes,gender,hormones,and doping in sport:a convoluted tale[J]. Front endorcrinol (Lausanne),2017,8(12).

[25]RAO S. Rules of natural justice as applied in sports[J]. Commonwealth law bulletin,2006,32(2).

[26]RIGOZZI A,HAAS L,WISNOSKY M,et al. Breaking down the process for determining a basic sanction under the 2015 world anti-doping code[J]. The international sports law journal,2015,15(1/2).

[27]SMOKVINA V. New issues in the labour relationships in professional football:social dialogue,implementation of the first autonomous agreement in Croatia and Serbia and the new sports labour law cases[J]. The international sports law journal,2016,15(3/4).

[28]SOHN C J. An overview for the court of arbitration for sport (CAS) as the authority to settle the sports-related disputes[J]. Journal of arbitration studies,2018,28(1).

[29]Tobias G. The finality of CAS awards[J]. The international sports law journal,2012(3/4).

[30] ZACK A M. Bringing fairness and due process to employment arbitration[J]. Negotiation journal-on the process of dispute settlement,1996,12(2).

七、英文学位论文

[1]MAJA L. Autonomy of european union law in the light of the recent case-law of european courts[D]. Belgrade:University of Belgrade,2013.

[2] PEABODY B G. Recovering the political constitution:nonjudicial interpretation,judicial supremacy,and the separation of powers[D]. Austin:University of Texas at Austin,2000.

[3]REUBEN R C. Constitutional gravity and alternative dispute resolution:

a unitary theory of public civil dispute resolution [D]. Standford: Stanford University, 1998.

[4] UTMAN, R E, Jr. Procedural justice in pre-trial, civil litigation [D]. Irvine: University of California, 2007.

后 记

本著作主要是博士研究生阶段的科研成果的展现，同时也是博士研究生阶段的心路历程的反映。回首过去，往事历历在目。武大的校园光华美丽，城堡的樱花灿烂动人，师生的情谊永生难忘，同学的友情难以割舍。通过2016年3月份的入学考试和后续的复试，我最终成为武汉大学的一员，就是从那一年开始，樱花始终与我相依相伴，从春到冬。作为2016级学子中的一员，我欣然享受着樱花挥舞不尽的热情，心中记下樱花美丽的每一个瞬间，从此也对武大樱花产生了割舍不尽的情缘。校园因你而美丽，学子因你而自豪。你是一道风景，美丽了整个校园，让学子们身在画中，美不自持；你吸引了来自世界各地的游客，让他们驻足徘徊，流连忘返；你是爱的女神，呵护着整个樱花城堡。樱花城堡坐落在樱花大道的上方，路旁的樱花树一字排开，把整个樱花城堡的前大门围了个结结实实，俨然成为樱花城堡的守护神。住在樱花城堡的学子们每时每刻都享受着这份爱的温情。在校前三年间，我们无时无刻不聆听着美丽樱花追随者的欢声笑语。作为樱园1舍338号房间的我，当然具有发言权，因为这里靠近过道，每天都可听到天南地北的人赞赏樱花，每天都能看到南来北往的人登顶城堡。我的策略是：学习时可以充耳不闻，闲来时笑看游人如斯。

追梦武大，缘系人权。我是一名高校体育教师，专业是武术，主授传统拳术和跆拳道技术。体育教学同样离不开法治，树立法治教学意识是每一名教师必备的信念，而进行体育法学学习则是最佳的路径之一。武汉大学是国内首个体育法学博士授予点，专业设有国际体育法、体育与人权法、体育与刑法三个研究方向。我选择了体育与人权法，虽然当时的我对人权的理解并不十分深刻，但我坚信，人权是我们生命中重要的组成部分，故而毅然决然地选择了这一学科方向。也正因如此，我才有机会投身于法学的殿堂，成为汪习根老师的一名弟子。汪老师教学严谨，分析问题深入透彻，探讨问题逻辑严密，教导学生直奔主题，毫不含糊客气。在学习过程中，我受益匪浅，思考很多天的问题，到老师那里都会迎刃而解。作为学生，佩服之余，便将认真学习老师的学术著作当成我的必修内容之一，在论文写作上，老师的作品堪称典范，论文的框架设置完美有序，语句遣词可谓精准秀美，反复研习必定有助于启迪研究思路、全局把控论文写作；老师的著作文献里，从治国理政到公民人权，从国内发展到世界人权，无一不充斥着胸怀世界、心系民生的情怀。在学习的过程中，我认识到，人类的发展史更是人权的发展史。从远古的希腊到现代的发达国家，从东方世界到西方世界，无时无处不是在书写着人权的发展历程。人权不仅需要争取，更需要捍卫。人权的发展史告诉我们，正义要以看得见的方式实现，正义的实现离不开国家的法治。

学友情深，书山相伴。攻读博士学位的过程注定与普通的专业学习不同，那就是学习要自主，成果须突出。众所周知，博士毕业需要公开发表相应的资格论文，还要完成十万字以上的毕业论文。任何一项都不简单，为了能够顺利毕业，我和同学们早起晚睡，共同努力。有的同学始终在图书馆学习，那里有充沛的资源，便于收集论文写作文献；有的同学在实验室，从早到晚、专心致志地观测试验；有的则在宿舍学习，同样也是不分早晚。学习方式的不同也导致同学们的聚集地各异，但不管怎样，我们都在自己的跑道上争分夺秒、潜心修炼。锻炼身体是同学们的必备环节，不然就难以有充沛的精力去学习。长时间学习后会出现不同的疲劳状况，颈椎、腰椎会由于久坐而不舒服，眼睛长时间盯着电脑也会很累，适当进行锻炼则会消减疲劳，促进身体健康。运动场、篮球场和珞珈山是同学们的常去之处，喜欢跑步的就去运动场和珞珈山；喜欢打篮球的就到篮球场；喜欢走路散步的可以在学校的任何一处走动，但珞珈山是优先选择。在校三年中，学习之路可谓艰辛，但求知之心得到锤炼，尽管同学们多是以学为主，但友情依然长存心间。我的两位室友均是学习典范。第一位室友范伟喜欢挑灯夜战，学习成果斐然，三年发了六篇核心期刊。在第二学年，有宿舍空出，他选择了独立房间，继续奋斗钻研。郑鹏飞是我的第二位室友，在读期间不仅顺利完成了资格论文发表，还有独立著作呈现，他们的能力真是让我由衷钦佩。室友的努力是我学习的巨大动力，我倍加珍惜这份友情，我以他们为榜样。

日子一天天过去，别离在即，恩情难忘。汪老师的恩情永记不忘，同门兄弟姐妹的关怀帮助牢记不忘。入学前，我的法学知识背景浅薄，使我对考博成功不敢寄予太多期望，老师的一句"你有选择的权利"让我重拾勇气、奋力一搏。我认真准备考试相关内容，最终通过各项考核。在论文写作上，老师的指点可谓寓意深刻，我反复思量，终得其意。可以说，没有老师的教导，我的毕业论文写作将难以顺利完成。在学习和生活中，各位同门兄弟姐妹相聚相对较多，相互之间学习交流更为容易，同门的相互帮助和学习是我完成学业的关键环节。安效萱师姐是我们专业的大师姐，活泼开朗，才思敏捷，在专业学习上会经常指导我们，现在她已毕业回到北京。尽管我年长，但她先入师门，也只能这样称呼，望其不怪。汪茹霞是我同年级师妹，乖巧伶俐，善于思考，和我一样在忙于写作。另外，还有远在首都北京的林高松大哥，近在武汉大学的齐鹏飞、陈晓晓、李俊明等同门也在奋斗中。当然，还有其他的兄弟姐妹——宋丁博男、肖江涛、徐翔、卢成、陈艳、宋毅仁、朱麒瑞、南景毓、王昭华、王阳、盛春来、张臻、刘峰江等人，在此的相遇、相知、相助同样让人难以忘记。

  时光飞逝，光阴荏苒，聚也匆匆，别也匆匆。在这四年中，我更加体会到了学习之艰辛，也感受到了同门之谊。相聚于此，应珍惜好每一瞬间，不让岁月虚度。分别之时，更要慨然面对，勇敢探索自己的未来人生。人生是一场奇异之旅，聚散离合乃人间常态，重点是我们要抓住当下，方能做到笑看人生。

  至今，我从武汉大学毕业已近五年，一个全新的时代已经悄然来临，高科技产品不断推陈出新，尤其是人工智能在体育领域中的应用日益广泛。在此背景下，奥运会赛场上的竞技无疑会更加激烈壮观，运动员的权利保护也面临着新的变数。本书主要针对奥运会体育仲裁中的程序性权利进行了相关研究，并对我国体育仲裁中程序性权利的保障作了梳理和分析。为了更加全面深入地保护运动员权益，未来有必要在新的背景下继续对奥运会体育仲裁中程序性权利及相关权益的保障进行深入探讨。

朱霖
写于乐山师范学院体育学院
2025 年 6 月 10 日